教育，海闊天空

Education,
Sky is the Limit

主編：

何漢權
黃冬柏
文灼非

目錄

序
一

中華歷史文化獎勵基金
CHINESE HISTORY AND CULTURE
ENHANCEMENT FUND

《教育，海闊天空》是「教評心事」的最新結集，是同系列的第七本，亦是本會第二次對此系列出版的資助。本會乃時代產物，成立背景與當時歷史學習環境有密切的關係。歷史是國族的靈魂，人若失去靈魂，徒具軀殼，只是行屍走肉；國族歷史若被湮沒，國民將失去向心力，早晚會遭他國侵略，以至滅亡。誠如清代思想家、文學家龔自珍在《古史鈎沉二》所言：「滅人之國，必先去其史……夷人之祖宗，必先去其史！」本會成立於2016年，董事同寅有感香港當時社會市民普遍對本國歷史認識不深，大部分中學生更無緣全面選讀中國歷史科，中華歷史文化獎勵基金於是應運而生，以推廣中國歷史與文化發展為宗旨，藉此獎勵香港青少年、教育同工及教育機構等對中國歷史與文化的推動作出的貢獻。

本會甫一成立，即舉辦「優秀文史教師獎勵計劃」，亦有對學校考察遊學加以贊助；而資助出版優質刊物亦是本會重點項目。「教評心事」一眾作者乃資深教育同工，在不同教育崗位作出奉獻，在繁忙工作之餘仍抽空為教育界盡一分力，以文字媒介，剖析教育不同區界議題，以理達人，以心傳心，實屬難能可貴。

《教育，花開不落》是第六本結集，書名以譬喻道出了教育的樂觀與可能性；更隱含教育具有人間送暖的偉大。最新第七結集《教育，海闊天空》則成於疫情剛開始走出陰霾之際，全城躍動，莫不冀盼社會可早日回復正軌。此時此刻，教育工作者更應擁有一顆「海闊天空」的心。《論語•泰伯篇》中曾子曰：「士不可以不弘毅，任重而道遠。」於此世道混亂、人心虛怯、社會道德價值日趨模糊之時，教師肩負的任務更重、牧養孩子的路顯得更遙遠；教師如無一夥胸懷廣闊、意志堅定的心，育人事業實難以堅持！

《教育，海闊天空》專題——「大灣區機遇下的香港教育」——亦與「海闊天空」 題旨緊扣。香港以外的大灣區城市，這幾年循序發展，再也不是一個抽象的概念，而是一個一個實質的機會。今天的孩子只要懷着「海闊天空」的志向，走出舒適區，大灣區不同城市就是孩子們他日成才的平台！

在此祝願「教評心事」一眾作者，繼續耕耘不斷，把教育理想好好傳承下去！

中華歷史文化獎勵基金
2023癸卯年•春

序二

何漢權 BBS，MH
教育評議會會長
國史教育中心（香港）
校長

教育，海闊天空，無邊無際，又涵養無限的可能。對認真教學專業的學校教師，或是教師頭頭，即校長們來說，日子沉浸，當會明白，面對着一屆又一屆的童真稚臉，聰明愚鈍、良善狡猾融於一身的學生來說，當要教育別人的子女，亦是在自我教育，這就是教育互動。隨風潛入夜，潤物細無聲。筆者初入學校執教鞭，有教學團體將成員的教學心得，結集文章出版，定書名為《永不言倦》。那時，新人看教學舊章，心裏嘀咕，認為書名要如實反映教師個人的局限，怎能永不言倦呢？

歲月有情，鍾情教育事業的，最是深有同感。時代變，上世紀九十年代科幻小說的元宇宙（metaverse）的天方夜譚「吹水」故事，變成今天信息、互聯網與人工智能綜合革命的真實版，VR（虛擬真實）、AR（增強真實）等的科技大軍壓境，教育方法與技術是走向無限的可能。儘管千變萬變，教育，最重要的是初心與信心不變。永不言倦是心領神會。教學經年，經歷不同的

學校，接觸不同鍾情教學的老師，朝七晚十一的大有人在，心裏從來不需要「關鍵績效指標」，「以學生為本」的教學播種，吾愛吾生，吾愛吾土，濃濃的家國情懷早已在心中栽種，不需要拉高分貝的口號提醒，亦高出一切科學性的、要量度的「指標」多矣！

近年，香港教育要融入大灣區發展，這是回應國家「十四五」規劃的必然，是香港對國家承擔人才培育的一份責任。究竟，這責任付出的後果是好是壞？是掏空香港教育，抑或是讓香港教育的優勢深入大灣區，與大灣區共創未來教育的富裕，為國家作出貢獻？筆者以為，教育是利人利己的良性互動，增強香港教育自身的內涵，教吾教以及人之教，香港各級學校教育模式與方法，可以在大灣區得到更大的發展，這對粵港澳的九市兩特區而言，無疑是多贏而又能夠共同進步。對香港教育總部所在的香港，倒流效應，必會更吸引大灣區的家長慕名，送他們寶貝的子女前來香港就學。

教育，海闊天空，生生不息。文明社會演進，教育是希望，薪傳有力，教育有心人，不求什麼，只是默默付出，郭媛平女士又一年支持「教評心事」的出版全部費用，筆者在此由衷感謝。而作者們來自香港各級學校，各有教學專科所長，對教育都懷抱永不言倦，擇善堅持，工作百忙之餘，繁瑣事困身之下，仍提義務之筆，為「教評心事」欄寫出各自的教育故事，說出人情道理。

教育，海闊天空，教育有心人聚首結緣，難得文章結集。在此，必須要感謝郭媛平女士全資贊助出版，冬柏校長不辭勞苦催稿收稿，更負擔繁重的編務，好友灼非兄百忙中負責出版。教育類叢書，世界市場，結果準是蝕本終場，但深信，教育，海闊天空，這裏有無限可能，是社會向前，是希望所寄。

2023年4月

序三

文灼非

灼見名家傳媒社長及
行政總裁

又到「教評心事」一年一度結集的大日子，細閱這本170頁的書稿，內裏精選超過30位教育有心人，文章先睹為快，令我有很多收穫與觸動。作者都是學有專精、才情洋溢之士，有些是我敬佩的前輩，有些是我欣賞的後學，作品觀點多元，精彩紛陳。

「教評心事」專欄在灼見名家網站連續刊登了快將9個年頭，每周5篇，一年下來便有近260篇，文集每年只能精選約50篇，都是言之有物的上乘之作。本集收錄2021年中至2022年中的文章，橫跨第四、五波疫情，由前年底新冠病毒似逐漸受控，到去年初第五波疫情大爆發，最高峰每日新增數萬宗個案，醫院、老人院變成人間煉獄，市民歷經嚴峻考驗，教育界自然是重災區！三年疫情，教學面對重重困難，老師都施展渾身解數，讓莘莘學子可以繼續以網課形式學習。書中多位作者分享疫情下的教學挑戰，雖然疫情已經過去，這組文章甚

具歷史價值，真實反映香港教育史上這段令師生及家長都十分難忘的歲月。

本文集的首部分主題是關於大灣區的種種，涵蓋政治、經濟、文化、歷史、教育，多姿多彩，的確是海闊天空，涉獵的範圍比過去幾年的文集豐富，可讀性更高。特別是近年香港學生不足，2003年沙士期間出生率創新低，導致這幾年連大學收生都出現人數不足，遑論大量中產階層帶子女移民海外，導致中小學流失不少生源，甚至出現殺校危機。另一邊廂，大灣區的港人子弟學校發展如火如荼，大受歡迎，一位難求，證明香港的辦學模式成功，可以移植至大灣區其他城市發揚光大。

還有一個本書作者沒有觸及的範圍，是香港高等教育在一國兩制下充份發揮優勢。由於香港多所大學在全球排名表現突出，吸引大量學子來港升學，本科生名額由於有嚴格限制，人數不多，據聞政府計劃擴大一倍國際及內地生學額；而碩士學位全國申請者眾，香港在培養內地人才發揮重大作用，值得自豪。本地學府北上辦學也成氣候，浸會大學珠海校區及香港中大深圳校區已經成為大灣區高校亮點，科大、城大、理大、港大等相繼進駐，又是一番全新景象，大灣區高等教育海闊天空，在國際上絕對有競爭力。

三年疫情對灼見名家來説既是挑戰，也是機遇，我們大力開拓YouTube平台，製作優質視頻，題材多元，訂閱人數猛增至近420000。教育評議會一年多前開設「冷思熱話」節目，廣邀香港教育界專家開咪錄影，與網站文字專欄互相輝映。我們會在教育領域開拓更多內容，訪問更多名家，舉辦更多相關活動，繼續與教育評議會愉快合作。

是為序。

2023年6月

編者的話

黃冬柏
新會商會中學
退休校長

有一個詞語很是好聽,而且寓意十分好的:繼往開來。當接到通知需要起動籌辦「教評心事」最新結集,也就是第七集了;心中就即時想到繼往開來。教育工作本來就有這個特徵,每年接來一班新學生,不論剛過去的一屆是多麼的順暢或多麼的困難;面對新來學生時,教育人員都會總結過去的經驗,然後重新起動為他們再次耕耘。

回憶多年前教育評議會和灼見名家傳媒決定開墾「教評心事」園地時,當時只召集到幾位寫手每日供稿;坦白講實在未有預算持續到這麼長久。更興奮的是作者人數早已翻了兩番,茁壯成長到超逾20多人!從今次結集的目錄,各位讀者都可以點算到。

「教評心事」專欄最新結集《教育,海闊天空》所收納的文章在刊出時,是疫情陰霾未散的時期;不過社會仍然要向前推進。粵港澳大灣區(GBA)在這段時間內為港人照射出前路,社運、疫情等不利條件迫使我們尋找發展前方向,GBA將會為年青人提供可發展的空間。教育是為未來做好準備的工作,中小學教育工作人員豈可不對

ＧＢＡ多加留意、多加思索？因此我們為結集定出了這個主題：「大灣區機遇下的香港教育」。

除大灣區主題外，我們不會放棄踏入教育界的初心；校園、學生、教與學、成長和心理、教育領導、課程發展，中小幼特，全是我們的關注面。第二部分的「教育現場·心事連篇」全是作者的誠意選擇；當然那只是精心點選，有意跟進我們在過去10多個月的「心事」？記得往「教評心事」專欄網站慢慢欣賞，任何意見記得回饋給我們；謙虛受教、持續求進。

疫症無情，但未必是絕對災禍；透視疫下教與學經過，我們仍然是可以篩尋到一丁點優勝之處。隨着抗疫停課而發展出來的網絡授課（網課）成為延續教與學的不二法門，甚至延展到學習以外的校園活動、訓練、生涯規劃和課外活動上加以運用；結果電子化教學和應用在短短不足10個月來，教師和學生的技能、軟硬件的使用都出現了飛躍發展。然而，由網課操作帶來的規律、習慣、健康問題亦不少，還因為在家學習而加劇了親子衝突的困局。作者在上述多個方面都提供了不少深刻闡述和前線分享。網課也成為了疫情下的一幅風情畫。

除了網課外，其他在社會教育制度、培育學生、考評、價值教育的思考上，都湧現出不少新的挑戰與衝擊；作為前線解難和應變的經驗，亦借用作者的筆耕留下痕跡。

「教評心事」撰文刊在灼見名家網站上，本來這就是初心；透過結集選出作者精選文章以為印記也是我們的心意。今次結集也是沿着過去多年軌跡而行。社會百業遭受疫症打擊遇上經濟低迷時，幸好得到中華歷史文化獎勵基金的慷慨支持，讓最新結集有機會成真。結集的出版體現了教評會和灼見名家對教育的堅持和投入是得到社會有心人的肯定。除多謝基金支持之外，借此一角感謝灼見名家編輯同事300多日的校正，以及20多位作者同工的努力筆耕；讓結集凝聚我們的教育專業力量，回饋社會。最後，不厭其煩地多說一遍，多謝讀者的拜讀和支持，這全是鞭策我們心事群組全人努力不懈、精益求精的力量。

2023年4月

大灣區機遇下的香港教育

教育，海闊天空

作者簡介

何漢權BBS，教育評議會會長，國史教育中心（香港）校長，風采中學校董，香港大學中史碩士同學會會長，深圳大學饒宗頤文化研究院客座教授。常就學生成長、家庭教育、教育政策、教學專業及國史教育等課題在各大報章撰文，獲大專院校及中小學邀請擔任講者。現為《信報》、《星島日報》及《文匯報》教育專欄作者。近著有《有教無懼》、《驕陽引路》、《是一場春風化雨》、《教育茶餐廳》及《教育，過眼不雲煙》等書。

大灣區下的香港教育

大灣區發展關鍵中的關鍵，當是教育，如何教、怎樣教、教些什麼？任何地方乃至國家對教育的重視、規劃與落實，都是興衰所在。

歷史在進行中，過去與現在永無終止的對話。這些對話，對未來起着啟迪的作用，家情國念民族愛世界觀，年年月月，線線相牽，書寫出一個又一個歷史故事。

大灣區發展藍圖是歷史轉捩點

2017年，國家繼一帶一路規劃後，再提出大灣區的發展藍圖。這對廣東省轄下的九個城市，以及直轄中央的香港及澳門兩個特別行政區，連結成大灣區經濟發展實體。同氣連枝，假以時日，當可與日本東京灣區、美國紐約灣區的成就相互媲美，最大目的是為整個大灣區的居民謀幸福，為國家乃至世界作出一份貢獻。

今天大灣區的涵蓋面，泛指南嶺以南的幅員廣闊之地。南嶺又稱五嶺（越城、都龐、萌渚、騎田、大庾），是長江與珠江兩大流域的分水嶺。

中國歷史長廊顯示，南嶺以南是邊陲，是隔離於黃河、長江中原文化的南蠻之地，是歷來中央官員政場失意流放之所。近代列強侵略清朝，由南方開始，沿岸城市受青睞，廣州及英殖的香港，位置顯出重要性，但從整個國家發展大局看，還未能擔當發展領銜的角色。

大灣區經濟藍圖的設定，無疑是歷史的轉捩點，中央政府早前提出的「十四五」規劃，再一次指明對大灣區發展的堅定意志。發展關鍵中的關鍵，當是教育，如何教、怎樣教、教些什麼？任何地方乃至國家對教育的重視、規劃與落實，都是興衰所在。

港式教育獨特備受家長歡迎

踏入後回歸年代，繼續要往前的香港教育，必須與大灣區同行，別無選擇且理當如是。香港多所大學已在大灣區設校授徒，中學辦校亦步亦趨，成立港人子弟學校，且頗受歡迎。究竟，未來的香港教育於生員、於教研人才，會否被掏空？

筆者以為，「打完齋不要和尚」的憂慮，前提是和尚的功德功力是否不斷進深，高僧是價值連城的，施主們都是渴求的。「十四五」規劃大綱不是清楚說明，香港要更融入大灣區，香港亦要成為國際創科中心？

確實，看整個大灣區歷史發展，香港教育各方面的積存是獨特的，「港式教育」的發祥地、中心位置還是在香港。能自強不息，努力開拓就好。很多珠江三角洲的家長們，還是愛慕子女在香港接受教育的。

原刊於《星島日報》

2021年10月26日

作者簡介

蔡世鴻，中華基督教會協和小學（長沙灣）校長。1990年投身教育界，2004年擔任校長。由於早年於香港大學取得資訊科技教育碩士，多年來一直熱心推動資訊科技教育，2014年獲委任為香港大學教育學院管理諮詢小組委員。學校位處深水埗，故積極與學生投入社區的服務工作，期望教導學生回饋社會，服務他人。2016年獲選為深水埗中南分區地區委員會副主席。2016年起加入教育評議會，負責協助《教育現場》的編輯工作，現擔任教評會主席。

大灣區下的教育機遇——學生交流

如果你問香港人在疫情下最想做什麼？我想大部分人都會說想去旅行。我嗎？也是去旅行，不過是想帶學生去，想跟他們到大灣區的姊妹學校交流。

十多年前我試過讓我校的六年級學生，跟澳洲的學生做筆友，效果不好，主要是因為兩地的文化不同，澳洲的小六學生已很成熟，談的多是當地的流行音樂，香港的學生則較單純，所以交談起來沒共同話題。

大灣區學生交流效果最好

我也試過帶學生到澳洲、英國、新加坡、台灣、上海、南京、四川、長沙和淮南等地方交流，但最好的還是到大灣區，我們到過深圳、澳門、廣州、佛山、惠州、中山、珠海和肇慶，它們與香港接近，且學生都懂廣東話，所以兩地學生很快便成為好友，交流的效果也最好。

數年前我跟學生去肇慶交流，那次的經驗最難忘。首先是因為肇慶的地方不太大，主要活動都是圍繞七星岩，從酒店往外望，盡是星湖美景，加上酒店頂樓是旋轉餐廳，價錢又平，學生到酒店後已興奮不已。

肇慶文化是書法和端硯，第一天，我們安排了學生跟當地的藝術家上課，什麼叫老坑石？怎樣打磨墨硯？...... 聽得他們如痴如醉。

第二天，我們到校與學生一同上課，兩地學生來個交換禮物後，大家很快便成為好朋友。晚上我們分為10組，由老師帶領下，到10個家庭吃晚飯。飯前他們會談天說地、表演和玩遊戲，就像探訪朋友的家，當地的人也很熱情，飯後總有水果和甜品，10組同學回來後，都喋喋不休地說：「校長，他們的房很大，比我的家還大。」「校長，他們的食品很美味，明晚再去吧！」「校長......」我看見他們談得眉飛色舞，我也開心不已。

大灣區與香港接近，且學生都懂廣東話，所以兩地學生很快便成為好友，交流的效果也最好。
（Shutterstock）

第三天是遊星湖等景點，晚上到肇慶廣場逛街，赫然發現多了一些學生，原來是他們在前一晚玩得不夠，相約肇慶的學生到廣場一起遊玩。回港後，部分學生告訴我大家已成為朋友，還有用微信溝通。

大灣區為香港教育帶來機遇

這次難忘的交流，令我印象深刻，也給我很大的啟發。大灣區的發展，為香港教育帶來機遇，我們結交姊妹學校，可聚焦大灣區，一來交通方便，二來兩地文化接近，講的又是白話，學生們很快便會成為好友。

大灣區的城市也各有特色，肇慶的端硯、佛山的陶瓷、惠州的保育、中山的歷史、深廣的創科教育⋯⋯ 都是香港學生學習交流的好地方，加上學生長大後，可能會到大灣區工作，如果在小學時已探訪這些地方，甚至交上一些好友，對他們來說可謂百利而無一害。

學習是不止於足下，境外交流尤其重要，而大灣區的發展，正為我們香港教育提供良好的交流機會，奈何疫情仍揮之不去，學校交流已是兩年前的事了。通關無期，令這幾年的學生錯過了認識大灣區的機會，我也錯失了和學生一同旅行的美好時光。

原刊於2022年2月10日

作者簡介

曹啟樂，大光德萃書院聯席創辦人兼校董，風采中學創校校長（2002—2014）。具學士、教育文憑、碩士學歷。參與教育事務包括：教育評議會創會主席；風采中學、德萃幼稚園及小學校董、香港教育大學顧問。2000年獲香港特區政府頒授榮譽勳章（MH）。

大灣區港人子弟學校方興未艾

由前特首梁振英先生牽頭的，位於廣州南沙地區的民心港人子弟學校，將在2022年9月開學。日前筆者有機會和幾位教育界朋友一起與梁先生交流，他興致勃勃地談到現在投放了不少時間在學校的籌備和發展上。創校校長潘淑嫻女士1999年於將軍澳創辦基督教宣道會宣基中學，活躍於教育界，曾出任津貼中學議會主席。

民心學校佔天時地利人和

民心學校佔有地利，距離南沙高鐵站不遠，由西九的高鐵站到達南沙，只是35分鐘；和粵港澳大灣區首間內地與香港合辦的香港科技大學（廣州）也十分接近，因此雙方也簽訂了合作框架協議，大學可以派教授到學校指導學生，接受學校推薦的學生升讀大學，而學校也優先考慮大學教職員工子女入讀。

學校是中小學一條龍的設計，高中部分除了設立香港中學文憑試（DSE）外，還參考香港聖保祿學校的課程設計，讓學生考英國的公開試（IGCSE及AL），亦打算籌辦國際大學預科課程（IBDP）。畢業生可以根據以上公開試的成績報讀內地、香港以至海外的大學。收生對象是香港和澳門籍、台灣籍及外籍人士的子女，不接納內地學生。學費大約是每個月1萬元，不包括住宿費在內。

民心學校受到內地香港人的高度關注，據知報名情況熱烈。筆者一位內地朋友，其兒子在香港出生及讀書，因疫情的關係，返回內地繼續學業，知道民心開辦的消息之後，立刻申請入讀，並且通過兩關面試，最後成功得到學位，家長和孩子都顯得十分雀躍。梁先生和我們說，校長會面試每一位報名的學生，我朋友的兒子最後一次面試，就是由潘校長親自主持的。

開辦暨大港澳子弟學校

在5月份，一所最新的港人子弟學校宣布成立了，並且就在2022年9月開辦。這是位於東莞的暨大港澳子弟學校，跟今年剛開辦廣州暨大港澳子弟學校是姊妹學校，因為是同一個機構主辦的，校園由之前營運的一間國際學校轉型改造而成的。兩間暨大的港澳子弟學校都是幼稚園、小學和中學一條龍的教育體系。

新的東莞校創校校長師賴炳華先生，是香港李求恩紀念中學的榮休校長，曾出任中文大學校長校友會的主席。本身是東莞人，所以十分期望在家鄉辦好港澳子弟教育。新學校和香港的仁濟醫院王華湘中學結為姊妹校，強化了和香港教育的聯繫。高中課程以DSE為主，但也會開辦IBDP的課程。

東莞是改革開放當中比較早發展的城市，也有大量香港人在這裏工作和生活，所以生源應該是足夠的。同時，東莞的松山湖科技產業園近年發展迅速，大戶就是華為集團。香港城市大學（東莞）將會在一年後開辦，這是大灣區第二間內地和香港合辦的大學，所以未來學術、科研、產業的結合和發展是大有可為的。在這裏工作的科研及管理人員對於高素質的國際化的教育肯定是大有需求。

港人子弟學校的獨特性

換言之，連同已經開辦的深圳香港培僑書院龍華信義學校、廣州暨大港澳子弟學校，2022年之內會有4間比較完整的港人子弟學校。當然還有一些港澳子女班是依托在不同學校內的，例如廣州的培正和培英等。預計在未來，只要是內地政府繼續推動，還是有獨立而完整的港澳子弟學校成立的。

總括來說，這類型學校有以下特色：一、完整的學校體系，由幼稚園開始，一直到小學及初高中（民心只辦中小學），而內地一般幼稚園、小學、初中和高中是分成不同學校的；二、提供雙語或英語教學，在高中以DSE課程為主，另外開設國際課程，例如IGCSE、AL及IBDP；三、收生對象是港澳、台灣及外籍學生，當中包括持外國護照的內地人子女。其中培僑信義另設內地課程班，取錄內地學生，實行一校兩制；四、師資來自香港、內地及外國，校長級主要是由香港人組成；五、有比較強的大學聯繫，包括廣州的暨南大學、南沙的港科大，同時也和香港的中學有緊密聯繫，例如培僑信義在課程設計、教材及評核方面，主要是借用香港培僑學校的；六，學費是

民心學校受到內地香港人的高度關注，報名情況熱烈。（民心港人子弟學校圖片）

中上的水平，大致是每個月1萬元左右，未計及住宿費，不是一般基層家庭能夠負擔的。

基於上述的第6項，生活在大灣區的跨境學童，如果家庭不能負擔這個水平的學費標準的話，始終是要返回香港學校讀書的，暫時仍然未有普惠式的內地港人子弟學校出現。當然現在亦很難期望，香港政府會跨境成立類似香港本地津貼學校一類的免費教育體系。教育的成本是很高的，因為要維持先進基本建設和教學設施，以及優秀的管理和教學團隊，所以一定需要政府的大力支持，否則的話，只能夠收取比較高水平的學費去應付開支了。

2021年全國進行了人口普查，居住在內地的香港人超過了37萬，澳門人5.5萬，台灣人是15.7萬，外國人是84萬，合共143萬多人，而港澳人士主要在大灣區生活。因此，大灣區的不同城市，以至於廣州市及深圳市的不同地區，例如佛山區、前海區、羅湖區等等都有計劃開辦港澳子弟學校，整個發展是方興未艾的，期望在當地政府推動之下，可以有收費比較便宜的港人子弟學校出現。

DSE在內地發展的可能性

另外一個內地教育的趨勢，就是DSE的課程及考試受到部分內地人士的歡迎，尤其是那些在中考中成績稍遜，因而未能派往心儀的高中，但家庭收入比較高的，他們透過修讀學費水平較高的DSE課程，憑着相關的成績可以在

香港和外國的大學升讀。DSE的優點是可以用中文應考，程度比內地的高考為淺，很多中等以上水平的內地學生都可以應付，當然學生在英文方面是有所不及的，必須在這3年內提升上去。

近年以來，在深圳就有教育培訓機構專門取錄各省市的學生，用2到3年的時間轉攻DSE課程，然後到香港的試場應考，取得相關成績之後就可以去到英國、澳洲、紐西蘭，以及香港的不同大學升學。我相信不少進取的教育集團，看準這個機會，是會繼續開辦類似的DSE培訓中心，甚至是某種形式的高中學校。

現在內地是沒有設立DSE考試中心的，相反英國的IGCSE、AL及IBDP是可以在內地指定考場就地應考的。隨着內地愈來愈多人修讀DSE課程，香港的考評局其實可以在內地設立考場，香港有關部門應該行方便之門，特別是2、3年後，這4間港人子弟學校學生需要應考DSE的時候，我們總不能讓這批學生奔波返回香港考試吧。

現在香港出生率低，生源減少，每年考DSE的人數在遞減當中，那麼在內地修讀DSE的學生，無論是香港學生或內地學生，就可以支撐着DSE的規模，愈多人考這個試，其認受性又會愈高。在新的形勢下，香港教育局和考評局，宜主動積極一點去應對！

原刊於2022年6月7日

內地國際學校步入寒冬？

標題所指的是不是事實，視乎國際學校的定義。的確，近日消息傳來，深圳前海的哈羅禮德學校宣布停辦，不向當局申請辦學許可證，而四川成都的威斯敏斯特公學（Westminster School）也宣布停辦。傳媒透露，英國各級教育機構在中國開辦的50間國際學校也很大機會停辦。

事緣中國教育部在2021年3月向包括雙語私立學校在內的學校發出指示，要求只要有中國學生，就必須安排他們接受「全國統一的必修課程」。其實這種加強規管的措施，正是針對過往10多年以來外國教育機構在內地開辦學校的失序現象。

回歸國際學校辦學初衷

近年隨着中國的經濟興盛發展，中產以上的家庭對子女優質教育的殷切需求，不少人嚮往外國的教育模式。一方面是對內地填鴨式教育的不滿，另外一方面找尋內地知名學校的學位也實在困難，所以他們便紛紛投進國際學校的懷抱，把子女送到這些學校修讀國際課程。於是不少外國的教育機構，以英國的學校為主，便紛紛進入內地的教育市場，辦起私立亦即民辦學校起來。

起初，國際學校是必須錄取本國學生和持有外國護照華裔學生的，所以從內地政府的角度看，這是屬於「外籍人士子女學校」。但是其後隨着愈來愈多家長的渴求，因着政策的灰色地帶，內地的國際學校開始大量錄取沒有外國護照的內地學生。甚至部分知名的內地學校也附設了國際班。最初是在高中階段，之後又擴展到小學及初中的階段。

內地政府逐步察覺這種情況而作出矯正，重申在義務教育階段，即小一至初中三這9年之中，中國學生必須接受國家統一的課程，無論是公立或者民辦的學校都是如此。因此，真正錄取本國學生和持有外國護照學生的國際學校仍然是可以辦下去的，例如前海的哈羅國際學校。停辦的是其姊妹校哈羅禮德而已， 因為這所學校是打算錄取內地學生的。

嚴格審批非內地課程學校

因此筆者有以下的觀察：首先，內地仍然容許不同的教育機構申辦民辦亦即私立非內地課程學校的，不過現時的審批就相當嚴格。對象必須是外籍人士的子女，也包括香港、澳門和台灣人士子女，實施當地的課程，例如香港的DSE或者國際上比較通行的IB和GCE-AL等等。所以預期在大灣區仍然有港人子弟學校或者外籍人士學校出現的，有志在內地辦學的機構或者想在大灣區一展教育身心的校長老師們，機會仍是有的。

其次，在高中階段是不受限制的。現在深圳也有由教育中心開辦的DSE課程，以至其他國際課程的，錄取的是內地不同省市的學生，他們不去修讀內地高考課程，打算在取得公開試成績之後到外國或者香港讀書，因為這已是義務9年教育以外的學段了。

至於幼稚園方面，當局也察覺到幼稚園貴族化的現象，有不少教育機構營運幼稚園是以牟取暴利為目的，大量學費昂貴的學校湧現，出現產業化，並且過早進行各種學科如認知學習和才藝班等等，揠苗助長。所以內地政府近年大力推動普惠的幼兒教育，制定法規，好讓幼兒正常學習，也讓幼稚園的學費返回合理的水平。

最後，結論是：純為外籍學生、持外國護照以及為港澳台子女而設的國際學校，港澳人士子女學校，以及高中階段的各種類型課程的學校或者教育中心，是沒有所謂面對寒冬問題的！

香港國際學校偏離初心

順道對比一下香港的情況。本港的國際學校原意是為本國人士子女而開辦的，例如日本人、韓國人、法國人、加拿大人、美國人等。在收生方面本來也是有所限制的，就是本地的學生只有一定數量的名額。

回歸之後，為了讓更多外國人安心在香港生活和工作，便透過教育局校舍分配委員會批出校舍用地或者舊有校舍給不同的國際教育機構申辦學校，政府只是象徵式的收取租金，甚至給予免息貸款，讓這些機構興建校舍的。

政府和這些新興的國際學校辦學團體簽訂合約的時候，列明只能夠收取某個小量百分比的本地學生。但是隨着香港生源的減少，部分新興的國際學校收生也有困難，於是突破了這個限制，大量收取了本地的學生。政府也沒有認真面對和處理。

這樣不但違背了創辦這些國際學校的原意和初心，間接也令本地直資和津貼學校學生減少，影響了全港的教育生態，對於小部分從來沒有接受政府任何資助而舉辦國際課程的私立學校來說，也是不公平的。

如果說部分津貼或者直資學校因為收生不足而要縮班，甚至結束，那麼這類國際學校如果收生不足的話，自然也要面對同樣的結局，而不是讓其突破規限，大量收取本地學生，藉此維持下去。這是一個原則性的問題，筆者期望得到政府的正視，盡快處理。

原刊於2021年12月17日

作者簡介

黃冬柏，新會商會中學退休校長。畢業於澳門培正中學及香港中文大學。理學士（主修物理學）、哲學碩士及教育碩士。熱心教學工作，主教科目包括物理、科學、高補程度通識科等。2003年「傑出教師選舉」獲頒優異獎、2011年獲頒海華師鐸獎、2019年獲頒發民政事務局局長嘉許狀。除教學工作外，關注本地教育發展和教師專業發展。教育評議會創會執委；兼任灼見名家傳媒「教評心事」專欄召集人及作者；曾任教師中心諮詢及管理委員會委員、香港教師中心出版組成員等。近年主要參與「教評心事」結集主編工作，共出版結集多本。過去30年多常於報章發表本港教育、政策及教改課改評議文章，近年在個人網站、社交網絡專欄上分享雜文、短評（http://gg.gg/wongtp）。

把香港教育建構成大灣區亮點

還有幾多人記得「泛珠三角區域合作」這個概念？那是近20年前廣東省提出的發展鴻圖，包括九個省和兩個特區，當年企圖建立一個跨省級行政區。雖然第一屆泛珠論壇在香港揭幕，港人並不在意，教育界方面除了少數通識教育科老師之外，大多沒有理會。與九個省廣大幅員對比，香港這一個小點很易就被忽視。

因為大灣區合作這個被納入國家發展規劃中的新策略的出台，現時泛珠概念差不多已淡出了。大灣區包括了廣東省的九個市、港澳兩個特別行政區，基本上是個城市群協作；區域幅員比泛珠三角少得多，比半個廣東省還要小，但港澳的重要性明顯增強了。

可能有些港人仍弄不清楚泛珠、大灣區的分別，覺得香港就如在泛珠鴻圖中不太起眼，甚至擔心會被融合掉、泡沫化，對大灣區發展規劃仍抱有不安感。所以政府加緊宣傳推動大灣區建設和多加聯繫，比之前推泛珠時落力得多。其實在規劃文件中早已列明，廣州、深圳、香港和澳門是四大中心城市，各有專長和任務的。

大灣區機遇處處

因為人們拋不開區域整合中香港是個小不點，時刻擔心香港會被吃掉，對未來總是欠缺信心。當港府苦口婆心地指出，未來大灣區將會是香港的巨大市場（以人口計暴脹十倍有多）、港青可發展的空間是無限大的，不論科創事業或傳統生意會有大量機遇，但社會和少部分傳媒仍抱着懷疑態度。

和香港不同，澳門持着相反態度；雖然以體質論（面積、人口、經濟實力）遠小於香港，卻懷着無比信心擁抱大灣區，短短幾年間早已飲了無數頭啖湯，爭取到不少經濟實利。

坊間海量的文宣都指出，發展大灣區帶來大量機會，港人只要乘搭好這班順風車就有好日子過。或許宣傳工作做得太過到位，人們論及大灣區時總離不開「機遇」。

除了搭順風車，港人絕對有能力做駕駛的工作；當年開發四個經濟特區，不少廠商就充當司機角色，負責開動火車頭！何況現在已是一國之下，香港人不只乘搭順車，也應該爭取駕車。

香港教育的逆向機遇

以教育範疇來説吧。我們聽得最多的是，大灣區為港生提供大量發展好機會，故要做好生涯規劃。大灣區有不少升學機會，又是科技創新的龍頭，更是接駁十數億的龐大市場，學生應瞄準這個方向；但卻招來「把香港下

港式教育仍是不少大灣區家長心目中的首選。（Shutterstock）

一代推去大灣區」的責難聲。要經營灣區，甚至全國的市場，人不一定要在當地常居；現代訊息發達的科技，在港生活而遙控各地生意絕對可行。

因生源再度出現危機，業界又有聲音要求開放大灣區居民到港唸中小學，以解燃眉之急！這個「事急馬行田」的策略，當然並不完美。不妨嘗試運用逆向思維來思考多一次。

大灣區有人口、有市場、有技術，但缺少港人全球化視野和幾十年東西方狹縫中求生存的經驗。當大灣區發展起來時，這種港式才能正是急需的人才。港人這種能耐源自香港式教育，特別是不怕外語和腦筋轉得快的特質；所以把港式教育保育起來是為最急切的。再有人提出要改革教育時，千萬要保留港式教育的這個特色。這也將是吸引大灣區家長送子女來港升學的因素。

港式教育的新商機

大灣人仍是看好港式教育，甚至澳門家長都願送子女來港就讀；但居所是個難題。逆向一想就可見到這是一門新生意：就如港人送子女往英美留學而造就了當地的宿舍、褓母行業那般，為何香港不能發展專為內地升中生而設的寄宿褓母服務？他們甚至可以每周回家一次或家長來港探訪，同時增加內地家長到港消費的意欲。

相信香港優質大專院校的密度是整個大灣區之冠。只要善加應用和規劃，香港絕對有能力成為高等學府的領頭羊；只要政策加以配合讓內地一級科研教授往來訪問，加上香港享有的「一國兩制」優勢，香港穩操勝券。

上述兩三事例簡單說明了，我們需要逆向思維就不會被大灣區吃掉；反之，香港憑歷年磨練得來的基礎，應該爭取做中心點。教育上已有不少亮點。

原刊於2022年1月4日

善用大灣區補香港教育的不足

承接上文討論「大灣區機遇」所引發的想法，主調是香港教育需要找出亮點，在發展大灣區過程中不會被邊緣化、被模糊化。

與香港彈丸之地相比，廣東省大灣區各市鎮值得善用之處實在很多，考察應有更深層次的考慮。
（Shutterstock）

事實上，從物理尺度來看，香港城市規模的確很小；從地理角度考量，香港只是華南沿岸的一小點。然而從歷史源流來審視，香港與內地有密不可分的相連，近代史的過程中香港從未缺席；論到華洋雜處、東西文化交匯的程度，任何一個內地城市無可比擬。

因此前者的不足可借用大灣區這個腹地給予支持，後者則是香港自身值得做大的亮點處。

善用大灣區提供的資源

不少同工早已提出，大灣區城市群可以成為短期考察的對象。香港中小學回內地考察交流起碼有20多年歷史，但往往流於形式化，達到認識國家就完事！與香港彈丸之地相比，廣東省大灣區各市鎮值得善用之處實在很多，考察應有更深層次的考慮。

本書有作者早前已分享過人文灣區教育遊。以高小至初中階段的學生，走訪大灣區一兩個學習點所需時間都只是一日起、三日止；學校可包裝一些

主題式的「跑出課堂外」學習活動，設計具有焦點、切合某些學科的教學課程，絕對是個愉快學習的過程。

這些學習主題根本俯拾皆是，例如同文列出的文化產業、文化遺產傳承、文化保育單位等。由於香港不少家庭原來籍貫都是華南地方，探訪這些熱門地方的村鎮，可讓學生了解先祖的生活環境和地方民俗習慣。

其次是歷史事件的實地走訪、文學現場考察等，都是很有特色、與學科相連的學習，如抗日游擊隊事跡、宋朝皇帝南下、蘇東坡貶官停留處，或者小鳥天堂、潮洲湘子橋等。當然近代史上不少人物的原居地也值得探訪學習，如孫中山、梁啟超，甚至本港名門望族的鄉下，都是可用的考察資源。

因城市群中不少已拓展高新科技和創科工業，尤其是緊扣當下資訊網絡的新發展，相對之下香港在創科競爭下略為失色；不妨以灣區內的創科企業為考察學習。之前幾十年來珠三角曾是傳統工業的落腳地，在中央政府力推改善環境政策後，大灣區原有的工業必須在環境友善和環保多做工夫。這些恰好為我們提供了環保考察的資源。

最後值得一提的是，應該考慮發展大灣區地方成為學校的旅行資源。提起中學的秋季旅行，相信不少市民的回憶都是個笑話。因為香港地小人多，郊外旅行純粹是個名稱，不少學校被迫改以群育作為包裝。在一日來回的框架下思考，大灣區鄰近地域是有不少可用作為「郊遊」的地方，其天然景色和郊外風光均是本地欠奉的。或者，將來高中級的年度旅行就不必再只局限在香港境內。

融入大灣區的生涯規劃

參考近日政商界推動大灣區發展的活動，似乎香港學生未來夢想必須放眼大灣區。但這種說法並不易理解。其實香港如此細小的地方，基於地域限制，青少年夢想宜多加外向；大灣區只是眾多選項之一。由於大灣區在國策下是個短時間內要發展起來的區域，所以充滿機遇。不過學校從業員對此可能沒有強烈感，如何可以配合青少年未來規劃的需要而加以支援呢？

其中一個想法是與商界合作。本身在大灣區有商廠或有生意連繫的工商機

構，可以提供短期實習機會，例如三日或長假期內一周的計劃，讓高中生參與並經歷到內地生活和工作。通過實踐而建立大灣區深度認識，反思個人未來發展的規劃。

有意前往內地升學的學生的目標應是較著名的內地大學，香港升學服務機構可應用大灣區的大專學府，與內地著名大學開辦短期試讀課程，讓香港學生參加；修讀成績如可以納入報讀考慮，更可增加吸引力。這二者都算是善用大灣區資源來協助本地學生。

雖然方法在表面上用了「利用」字眼，實際上是善用大灣區能夠提供到用以填補香港本身不足處，又可以令各方得到有好處、幫到本地學生的考慮。

原刊於2022年1月26日

作者簡介

翁美茵，現為中華基督教會協和小學校長。1997年投身教育界，於2015年起分別擔任中華基督教會基法小學及何福堂小學校長。畢業於香港中文大學教育學院，完成教育學士及碩士課程（主修課程與教學），亦於建道神學院修畢神學文憑課程。曾任小學課程主任10年，並於台灣及本港與中港台學校分享整體課程規劃、資優教育、德育課程規劃及電子教學等。過往多年曾應邀參與課程改革評估關注小組及教師持續專業發展會議，近年多關注及分享家長教育。現為香港教育大學宗教教育與心靈教育中心榮譽顧問、香港教育大學學校協作及體驗事務處學校協作顧問、教育局價值教育聚焦小組成員及環球天道傳基協會教學人生專欄成員等。2016年起加入教育評議會。

以教育的根本配合大灣區的發展

2019年國務院公布《粵港澳大灣區發展規劃綱要》明確指出，需要「打造粵港澳大灣區，建設世界級城市群」及「進一步密切內地與港澳交流合作，為港澳經濟社會發展以及港澳同胞到內地發展提供更多機會，保持港澳長期繁榮穩定」。

之後於2021年國務院公布《中華人民共和國國民經濟和社會發展第十四個五年規劃和2035年遠景目標綱要》，當中明確提出「支持港澳鞏固提升競爭優勢，更好融入國家發展大局」，更要求「完善港澳融入國家發展大局、同內地優勢互補、協同發展機制」。

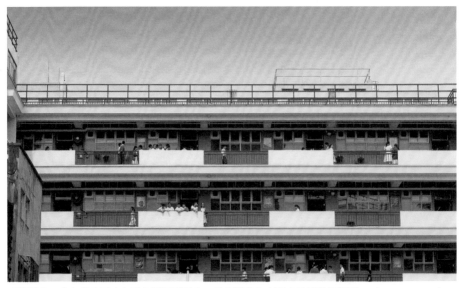

香港過去10多年花上不少心思在課程發展上，教師費盡心力配合政策發展課程。（Shutterstock）

2021年，香港在施政報告發表後，《香港2030+：跨越2030年的規劃遠景與策略》亦登場，強調3大元素，分別是「提升宜居度」、「迎接經濟和機遇」以及「創造容量以達致可持續發展」。其中「迎接經濟和機遇」強調要為不同的經濟活動在有利的位置提供充足的土地供應及有利環境，以便充分利用創新科技並提升人力資源，推動經濟發展。這正與《「十四五」規劃綱要》及《大灣區發展規劃綱要》一脈相承。

在全球一體化下，香港這個小小的地方不能獨善其身，必須配合大環境並善用自身的優勢及強項，以散射及結連的方式與周邊建立關係與網絡，以避免被孤立及邊緣化。因此，在推動這一切政策之先，又應該如何栽培人才呢？

（一）避免再走回頭路：慎密規劃　小步試行　重質至上　見功普及

學校教育目標總離不開「德智體群美」，筆者早前不少文章提及教育應以「德育」為先。除德育之外，培「智」當然是責無旁貸。香港過去10多年花上不少心思在課程發展上，教師費盡心力配合政策發展課程。

可惜回首過去的教育政策，也曾出現過幾次反覆，如：2000年代推出課程改革，容許初中取消獨立中史科，可是近年重推中史必修科；昔日推行通識校本課程，最終以優化為名，改為公民及社會發展科；當年強調共通能力的重要，並重點推行「3C」中的「批判性思維」，可惜最後又優化為明辨性思考⋯⋯

筆者欣賞的是，教育當局在發現推出後有問題，願意改，總好過不改。可是大家可曾想過一代學生確實就是在當年推出的政策中成長，當他們成長了，才發現問題，而才在下一代補救！那當年已經歷過的一代又如何呢？教育就是這麼容易校本化及百花齊放？

所有的教育政策在發布推行後，教師都疲於奔命進修作出配合，都將不少建立師生情誼的時間換上了進修的時數。教師為着與時並進而進修是理所當然，可是實施過後又改回頭，所花的時間即使不計，但一代學生失去與教師相處的機會又怎能補救？在推行政策與慎推教育的道德責任又應如何平衡？

當孩子能有充足時間與父母、兄弟、友好相處，自然就能發展出溝通與關愛的精神。（Shutterstock）

現時，正因為有了清晰的《「十四五」規劃綱要》及《大灣區發展規劃綱要》在前，香港的教育都應該會再有所改變！政策當局必須深入研究及探討應該如何再變及改變步伐，不要再在百花齊放下找成功例子，時間對一代學生來說是一去不復返。

現時所謂的「試行」一般都是政策已落實，然後提供資源，讓學校試行，而我所提出的是政策在未落實之先，才是試行。由於規模較小，若試行不理想也可以有足夠的專業支援，幫助當代學生。在總結經驗之後，才將值得推行的政策推出，同時配備具體化的實施方案與實施需要留意的要點一併提供給學校參考才是。

（二）認清基礎教育任務

又另一例子，過去10多年在課程發展中把專題研習由小一推展至中學，現在是時候重新再檢視了。小學生（尤其初小學生）在各個範疇發展仍未穩固之前，應更集中及多放時間學好一些基本的概念知識（如語文及數學的基礎），若有能者才在活動中進行研習。

讓整體騰出的空間給學校發展家校合作及家庭教育。讓小學生重新習得穩固的價值教育。例如「仁義禮智信」是弘揚中華民族傳統文化的核心，倡導傳統文化能提升公民的道德素養，在社會形成氛圍，有助實現家庭及社會的和諧。當孩子能有充足的時間與父母、兄弟、友好相處，自然就能發展出溝通與關愛的精神。

總結：

課程改革推行接近20年，受影響的學生正是現今約20至30多歲的一群，我們不否定2000年代的課程改革是有可取之處，但亦已見不少問題浮現，凡推動課程要有「外顯的即時亮點」不難，但對學生及社會的深遠影響卻不是立即可見的。

下一波改革浪潮已經再現，「變」是常態，但望決策當局在變之先要慎思，在普及推展之先要試行。百花齊放可見其美，但也見其長遠代價，基礎教育必須還原基本步。德育的培養人人皆需要，創科發展則需慎思階段性重點發展的步伐，不要令孩子再透不過氣來。

原刊於2021年11月26日

作者簡介

何劍輝，從事教學工作20多年，擁有工商管理碩士（MBA）、小學教育學士學位和學位教師數學教育文憑等。曾擔任津貼學校公積金委員會委員。國際一級田徑教練，香港田徑隊前教練，曾擔任香港業餘田徑總會田徑教練班講師，曾獲得香港田徑錦標賽十項全能冠軍及標槍冠軍；多次獲得全港教師田徑運動大會鐵餅及標槍冠軍。熱愛教育，積極參與教育研究工作。

共同富裕下的大灣區教育需要

根據2022年1月份的內地報告顯示，廣東省的GDP已經超越了亞洲四小龍的南韓。南韓國內生產總值（GDP）的經濟體量是全球第10名，居四小龍之首，即表示一個廣東省的經濟表現就已經比全球第十經濟體還要好，僅次於意大利。

廣東省GDP超越南韓

廣東省統計局1月20日公布的數據顯示，根據地區生產總值統一核算結果，2021年廣東地區生產總值為人民幣124369.67億元，同比增長8.0%，兩年平均增長5.1%，是全國第一大省，超越南韓的GDP。廣東省是世界工廠的工廠，亦即表示經濟模式十分外向，受世界經濟榮枯的影響非常大，其中廣東省的主要產值集中在珠三角地區，亦即是我們所稱的大灣區。

韓國人口大約有5200萬，而大灣區有大約7000多萬人口，整個廣東省大約有1.26億人口，所以區內的人均收入依然有很大的上升空間。

共同富裕下的大灣區教育需要

隨着社會的發展，工資上漲及土地成本飛升等因素，大灣區內的人口紅利優勢漸漸消失，區內產業鏈亦需要升級，由低端產業鏈向中高端產業鏈進發，若要順利升級，需要高等教育及有創新能力的人才配合。

大灣區內的居民已是全面小康，國家下一個目標是共同富裕。有研究指出，到2035年，廣東省的GDP會翻一倍，在這種情況下，區內會形成一批龐大的中產階層。他們對生活素質的要求相對較高，無論在衣食住行等各方面對素質都有要求。

深圳是內地其中一個科技之都，很多科技巨頭如騰訊、華為的總部都設於深圳。（Shutterstock）

在朝向高收入國家、實現共同富裕的過程中，他們對子女的教育尤其重視。社會的結構改變了，人民富裕了，重視子女的未來發展是理所當然。在這轉移的過程中，高等教育扮演了一個重要作用，一個地區性高等教育協作組織漸漸成形。香港能否擁抱這個機遇，利用自己獨特的優勢打造一個大灣區教育新樞紐？北部都會區（下稱北都），可能可以提供土地及配套讓目標達到。

大國博弈，競爭的是人才

科技發展一日千里，隨着人工智能（AI）的發展，早前常有爭論現在的教育制度會否被顛覆。但經濟合作與發展組織，簡稱經合組織（OECD）發表報告指出：教育依然被認為是經濟競爭的基礎，大多數國家將繼續努力普及從幼兒到高等教育，正式文憑依然是生存的主要通行證。

大國博弈，現在各國競爭的不再只是知識，而是有創意及有創新思維的人才。因為創新的思維是推動已有知識的優化、進化與創新的關鍵。網絡上有大量知識可以隨時供我們搜尋，人工智能的計算速度比人腦快太多了而且精確。將來，我們可能不用再花大量的時間去學習一些AI能在短時間處理的知識。有品德的、有創意及創新的人才在現代的社會裏顯得十分重要。

透過地區性協作，培養及吸引人才

深圳是內地其中一個科技之都，很多科技巨頭的總部或地區總部都設於深圳，例如騰訊、華為及金碟等著名科企，其中很多科企總部位於深圳大學附近。科技行業最注重研發及創新，其中以華為最為人所樂道，華為總裁任正非曾經表示：敢於敞開胸懷，吸引全世界最優秀的人才。

「不僅要引進來，還要激發好，更要能幹出成績。要主動擁抱不同國別、不同種族的優秀人才，加強對跨專業、交叉學科人才的獲取與使用，不斷提升創新能力」。從企業競爭人才的緊張程度可想而知，現代社會對人才的渴求比過往有過之而無不及，不過就更注重人才的科研及創新能力。

香港的北都跟深圳只有一河之隔，由洪水橋去深圳大學約半小時；由深大到廣州中山大學約二小時；深中通道於2024年落成後由深圳前海到中山大約半小時，而到珠海約一小時左右，再由珠海到香港約一小時。這個一小時生活圈的形成會讓大灣區的人流及物流更快更順暢地互動，隨着經濟進一步發展，對高等及優質教育的需求會愈大。

深圳與香港只有一河之隔。（Shutterstock）

我們可以在這裏為香港的高等及優質教育發展做點事嗎？如設立一個地區性的協作計劃，跟深圳及廣州等高等學府合作，利用北都的土地資源，在那裏設立研究院再配合新田科技城的發展，以滿足區內對優質教育的需要。

另一方面，設置成果轉移轉化平台及搭建科技資源共享平台等，成為創新技術及創新方案的提供者，透過把香港高等院校在基礎研究的優勢，通過平台轉化為對大灣區內的企業提供轉型需要的技術；優化優才、專業人士及企業家入境計劃及創科實習計劃等；利用香港的優勢如法律、地緣及語言優勢，吸引大灣區內甚至全世界的人才匯聚香港，並留在香港或大灣區工作，拉動產業轉型，產業互補，提升整個地區的競爭力，達至共贏。

參考資料：2021年9月15日，經合組織（OECD）發布《回到教育的未來：經合組織關於學校教育的四種圖景》。

原刊於2022年3月11日

作者簡介

邱國光，英國布理斯托大學博士，主修教育行政及語言教育。現為「仁文教育」首席顧問，積極推廣 glocal education（本土全球教育），致力培育具本土情懷、國家觀念、全球視野的世界公民。亦為國史教育中心（香港）行政總監、中華歷史文化獎勵基金總幹事及同心教育基金會（香港）學術顧問。研究興趣包括教育政策及管理、香港教育史、語言規劃、英語教學等。最近著作及編著作品包括：《三盞青燈：香港•北京•巴黎》、《香港青年政策何去何從》、《人間天堂——毛里求斯服務研習之旅》、《風采心•情•志——風采十五周年的故事》、同心一生一師系列《廣西越南篇》、《廣西越南續篇》、《大灣區東埔寨篇》、《校長也上課》等書。

在大灣區其他城市升學如何選擇？

大灣區發展是國家重點規劃，在中央政府的大力支持下，香港特區更加積極融入國家發展大局，從而為香港社會各界，特別是年輕人，帶來發展新機遇。

大灣區雖是地區發展，規模絕不遜色。灣區總陸地面積約5.6萬平方公里，儼如一中小型國家，面積與歐洲克羅地亞相若。至2020年，灣區的總人口已經超過8600萬，較全球人口排名19的德國多出幾百萬；而生產總值亦已達16688億美元，與全球排名第11位加拿大及第12位韓國相若。

人口多、面積不小、經濟實力雄厚，發展機會自然相對較多。港人向來務實，往大灣區其他城市發展之餘，免不了要考慮子女的教育。子女往大灣區城市升學有何考慮？

粵省大學歷史悠久表現出色

先談升讀大學。內地高等院校超過3000所，廣東省的有160所，其中本科院的也有66所，真的眼花繚亂，不知如何選擇。考慮灣區其他城市的大學，第一步可先參考大學排名榜。QS及《泰晤士報》大學排名（THE）是兩個較流行的國際大學排名榜，綜合兩個最新的排名榜，廣東省大學上榜的不足10所。

排名最高的幾所有：中山大學、南方科技大學、華南理工大學、深圳大學、暨南大學、廣東工業大學、廣州大學等。當中的中山大學歷史最悠久，1924年創立，已接近百年，是內地的名校，在中國國家排行榜

（national ranking）長期在第10位上下。

盡信書不如無書。排行榜只是參考，選大學也要考慮其他因素，如聲譽、該學系的成績、就業率、校友支援等等。灣區城市一些大學雖然沒能在國際大學排行榜上有名，但在其專業也是非常出色，值得考慮。如教育專業的華南師範大學；外語專業的廣東外語外貿大學；醫學專業的廣州中醫藥大學、南方醫科大學等。彼等大學為內地不少學生的心頭好，含金量也可比擬排行榜上的名校；而且讀的是專科，職場上也較有優勢。

灣區大學除了內地大學外，也有香港一些大學的分校。最早在灣區落戶的是香港浸會大學，2005年已於珠海與北京師範大學合辦聯合國際學院；香港中文大學也不甘後人，2014年與深圳大學合辦香港中文大學（深圳）。香港科技大學的廣州分校也將於2022年建成啟用。其餘香港大學、香港城市大學、香港理工大學、香港公開大學等也宣布了在灣區內建立分校的計劃。

本地及國際中小學選擇多

再談中小學。以往港人在內地因沒有戶籍，所以子女只可入讀私立或國際學校。但隨着中央政策的轉變，這幾年廣東省不少地區也開始推行港籍學童可在當地公辦的學校接受義務教育，所受待遇與內地生無異，對於港人家庭自然是好消息。

但選擇雖然是多了，憂慮仍不少。如內地課程與香港課程迥異，將來若回流，課程可能不能銜接，所以灣區內的國際學校或私校仍是大部分在灣區其他城市生活港人的首選。這類學校在灣區的情況又如何？

國際學校在香港競爭激烈，歷史悠久、具一定聲譽的國際學校一位難求，不是有錢就可以輕易入讀。國際學校在內地的歷史不長，廣東省第一所國際學校是廣州美國人國際學校，成立於1981年，創辦初期學生對象只是外籍領事館工作人員子女，其後才逐漸開放給持有外籍護照的學生。

截至2020年，內地共有1196所具有高中段的國際學校（國際部），其中廣東超過160所，數量居全國第一。若把含國際課程的學校也算進，至2021年4月，大灣區共有國際化學校274所，其中珠三角九市193所，香港

中山大學1924年創立，已接近百年，是內地的名牌大學。（Shutterstock）

63所，澳門18所，正在籌備或計劃在灣區其他城市建校的有37所。單是英
國，已計劃在2024年以前在廣東設立8所英國品牌學校的分校。

大灣區國際學校學費高昂

灣區其他城市的國際學校愈開愈多，進校的機會率自然是大一些，唯又未
必盡然，看你選擇的是內地品牌國際學校，還是國外品牌的國際學校。前
者在灣區的數量最多，超過80%；後者不足20%。所以若選擇的是國外品

牌的國際學校，競爭自然激烈。

而且灣區其他城市國際學校的學費絕不便宜，據非正式統計，內地灣區國際學校幼稚園至高中各階段平均學費為人民幣13.6萬元、11.9萬元、16.9萬元及17.3萬元，一般中產家庭也感吃力！

大灣區發展方興未艾，不少港人也希望盡早趕上這趟高速列車；但在人生事業拼搏之餘，子女教育不容忽視！多點理解，早點籌謀，日後就會減少後悔抉擇的機會！

原刊於2021年11月12日

作者簡介

梁振威，香港教育大學宗教教育與心靈教育中心專業顧問、兒童文藝協會會員、前香港教育學院中文系講師。從教40年，曾於本港中小學、男童院及懲教署執教。主要著作《小學中國語文課程與教學》（與李子建教授合著）及《圖解中國國情手冊》（編輯），曾擔任出版社中文科顧問及小學中國語文教材作者。

香港基礎教育在大灣區的機遇

近期，本港的高官在出席公開活動發言時，提及最多的是粵港澳大灣區（下稱大灣區）的機遇，當中除了特首及財政司司長不斷地向各界，特別是青少年，力陳大灣區的機遇外，就連教育局局長也在不同的場合，積極推銷大灣區的機遇。

粵港澳大灣區是現行世界四大灣區中，最年輕的灣區。她開放程度高、經濟活力強、潛力大，是國家發展大局中重要戰略地位的項目。由於這項目以在灣區內建立具經濟與創新及科技事業為重點的世界級城市群，這極需要一流的高等學府的配合，培訓人才。

因此，教育局局長在談及「教育機遇」的時候，重點也是「鼓勵香港的大學利用粵港澳大灣區建設及政策上的機遇，深化與內地合作，推進粵港澳大灣區國際科技創新中心建設」。事實是，香港的大學已早着先機，把握大灣區的機遇，在廣東省開辦分校了。

加強粵港澳基礎教育交流合作

然而，粵港澳大灣區的建設，對於本港的中學、小學和學前教育，又會帶來什麼機遇呢？按照國家國務院2019年2月頒布的《粵港澳大灣區發展規劃綱要》（下稱綱要），當中與本港中小學和學前教育有關，見諸文字的內容是（註1）：

• 推進粵港澳職業教育在招生就業、培養培訓、師生交流、技能競賽等方面的合作，創新內地與港澳合作辦學方式，支持各類職業教育實訓基地交流合作，共建一批特色職業教育園區。

• 加強基礎教育交流合作，鼓勵粵港澳三地中小學校結為「姊妹學校」。

- 在廣東建設港澳子弟學校或設立港澳兒童班並提供寄宿服務。

- 研究開放港澳中小學教師、幼兒教師到廣東考取教師資格並任教。

- 加強學校建設，擴大學位供給，進一步完善跨區域就業人員隨遷子女就學政策，推動實現平等接受學前教育、義務教育和高中階段教育，確保符合條件的隨遷子女順利在流入地參加高考。

就內容所述，大灣區的建設，好像對香港的基礎教育沒有帶來什麼機遇。但基礎教育所涉及的範圍廣，持份者多，各有企盼，企盼不同，機遇也不一樣。

職業教育及基礎教育機遇處處

筆者試從《綱要》所列各點，探討大灣區對香港基礎教育及相關的持份者所帶來的機遇。

《綱要》的第一點，是推進粵港澳的職業教育。香港作為大灣區四大中心城市之一，在職業教育發展的空間上，具有極大的機遇。香港每年被摒於大學門外的高中生，數以萬計，若香港能因應大灣區職業教育的發展，配合本港在大灣區帶動的功能角色，以學生的興趣和生涯劃劃，於香港重新發展college ready career ready 的職業先修中學，其潛力足以為大灣區培育具高素質的基層人才，這是香港發展基礎教育的機遇。

對於《綱要》的第二點，加強基礎教育的交流合作。目前的情況是，兩地的基礎教育只有交流，沒有合作。《綱要》的出台，強調合作，重視合作，若兩地的基礎教育，以合作先行，在一國兩制的優勢下，香港有成為國家一帶一路項目下基礎教育示範區的機遇。

《綱要》的第三點，在廣東建設港澳子弟學校，目前省內已有兩所具規模的港人子弟學校。筆者相信隨着大灣區的發展，日後將有更多有心在國內辦學的辦學團體，乘此機遇，在大灣區辦學。

《綱要》的第四點，是香港老師的事業發展機遇。筆者預計，香港老師，特別是以教育為終身事業的新一代老師，會把握這個機遇。

大灣區的發展與規劃，機遇處處，若你不放下固有的思維，重新審視自己

在一國兩制下的角色，堅守一國之本，善用兩制之利，把維護中央的全面管治權和保障特別行政區的高度自治權有機結合起來，尊崇法治，嚴格依照憲法和《基本法》辦事。將國家所需和港澳所長有機結合起來，充份發揮本港教育機制的作用，促進粵港澳優勢互補，實現共同發展的基本原則（註2），再大再多的機遇都仍會是不存在的。

註1：《粵港澳大灣區發規劃綱要》，〈第八章：建設宜居宜業宜遊的優質生活圈　第一節 打造教育和人才高地〉，中共中央國務院，2021.2。

註2：《粵港澳大灣區發規劃綱要》，〈第二章：總體要求　第二節　基本原則〉，中共中央國務院，2021.2。

原刊於2021年11月19日

中華歷史文化獎勵基金
CHINESE HISTORY AND CULTURE
ENHANCEMENT FUND

本會為一非牟利組織，並已獲政府免稅慈善執照，以涵養香港情懷、培養國家觀念、開拓國際視野為目標，向香港學生及青少年推廣中國歷史與文化；亦鼓勵香港學校對推動中國歷史與文化所作出的貢獻。以下為本會主要資助項目：

出版

國史培育

明日棟樑：青少年國史教育計劃

項目由中國銀行（香港）資助，為期三年（2020-2023），資助50所中、小、幼夥伴學校舉辦歷史文化活動，讓孩子們自幼沐浴於絢麗多采的中華文化與歷史當中，培育他們成為對社會、國家有貢獻的未來棟樑。

考察

絲路明珠：中亞烏茲別克歷史文化探索之旅

戊戌120周年之北京・天津行

雙城考察：北京及巴黎之旅

歡迎瀏覽我們的網站：www.chcef.com

作者簡介

彭智華，香港註冊教育心理學家，從事教育30多年，擁有中外教育及教育心理學碩士學位，現為香港大學輔導碩士課程實習工作坊導師。同時，亦為香港小學學生輔導專業人員協會榮譽顧問、香港幼兒教育人員協會榮譽顧問。於2005年成功研發《9S®全腦開發九攻略》，讓教師及家長更能為學童提供全方位的感官刺激，特別為有特殊學習需要的學童提供多元化的學習途徑，更能奠下良好的基礎。於2009年，《全腦開發九攻略》論文更獲第二屆中華婦幼健康大會評為優秀論文一等獎。

引導青少年認識大灣區

大家可能經常在不同渠道會聽到有關大灣區的發展，有很多政府官員或專家都對大灣區寄予厚望，特別是一些已經在國內發展的朋友。究竟什麼是大灣區，對青少年的發展有什麼好處呢？

大灣區是指香港及澳門兩個特別行政區，以及廣州、深圳、珠海、佛山、惠州、東莞、中山、江門及肇慶等9個城市所聯合起來的城市群，善用每個城市自身的優勢，分工合作、功能互補，彼此取長補短，加速融合，發展更有優勢的產業鏈，將大灣區發展成一個世界級的新進國際大都會。

灣區非新概念　文化歷史深厚

可惜有些人士對中國的發展感到抗拒，特別是對國內發展不了解的青少年，簡直對大灣區的事情充耳不聞，他們將會錯失未來數十年發展的大機遇，究竟教育界應如何吸引青少年盡快又積極地投入大灣區的發展呢？

現在很多青少年對世界發展不太了解，沒有一些使他們參考或信賴的資料，大家不妨引導他們張開世界地圖，發現大灣區的發展概念絕不是一個新計劃。事實上，日本和美國都有「大灣區」，例如舊金山灣、紐約灣、東京灣都是在世界很有名和影響力的大灣區，這些大灣區都是很有生命力，都是一個城市不斷融合周邊的地區，發展成為世界級的大灣區。

由於以前中國曾經歷文化大革命，及後受惠於改革開放的政策，使當時的香港可以獲得更多資源及發展機會，通過不同的貿易機會一步一步成為一個國際城市。但隨着時間的發展中國很多事情不再倚賴香港，香港人能否在回歸後重新定位呢？

香港在70、80年代，曾經因為市場經濟的發展模式，享受一種比國內城市較強烈的優越感，因此也可能擔心融入了大灣區後，香港的地位會被淹沒。其實，中國希望將香港所在的珠江三角洲發展成為亞洲的第二個大灣區，能在國際上有影響力，也希望香港繼續發揮東方之珠的角色。

縱使沒有興趣到大灣區發展的青少年，也應該加強了解大灣區的地理、歷史及文化，因為現在土生土長的香港人，自己的父母或或祖父母輩較多來自大灣區的不同的城市，通過了解大灣區的過去及現況，可以加深了解自己家人的成長及文化背景，對文化傳承及身份認同有不少裨益。

大灣區青年就業計劃

雖然大家可能很着急青少年融入大灣區，但也不適宜使用強硬的態度。若回顧很多在60、70年代的壯年人，或多或少都會討厭，甚至憎恨日本人或日本貨，為什麼現在有那麼多香港人會視日本為自己的家鄉，一年有數次旅遊及購物？吸引青少年了解大灣區，可以先從普羅大眾的吃喝玩樂開始，然後再深入了解文化及歷史，例如，葉問曾在佛山那裏生活、蘇東坡在惠州西湖做過什麼事情、廣州飲茶文化是何時開始等。

其實，青少年除了了解自己的家鄉，香港更應該要了解大灣區的工作機會。隨着香港從工業城市，轉為國際金融中心，以至最近的創新科技發展，香港的就業機會已不再像以往從不同地域集中於香港，反而是擴散至其他地方，香港青少年需要了解工作機會轉移的趨勢。

香港在2020年推出的大灣區青年就業計劃，就是鼓勵在大灣區11個城市有業務的企業，積極培訓本地大專院校畢業生到大灣區城市裏工作，提高香港青少年的就業機會，擴闊他們的視野及提供不同的發展方向。大灣區計劃不但可以提供就業機會，亦可以讓他們選擇在那裏生活，甚至定居，讓自己的發展多一個選擇。

暫時未能親身參與青少年，也可以嘗試和身邊的人在輕鬆與理性的情況下，討論大灣區的文化背景及發展機遇，明白不同人有不通的看法和意見，日後亦可以通過旅遊的方式去了解大灣區的文化特色，親身去看大灣區的現況，計劃自己的未來發展方案。

原刊於2022年5月30日

作者簡介

黃家樑，教育評議會前副主席、中學通識教育科和中國歷史科教師、第三屆行政長官卓越教學獎得獎者、香港通識教育會副會長、普及國史教育關注組召集人。擁有多年教授通識科及中國歷史科經驗，經常在報刊上分享香港史、歷史教學及通識科教學心得，評論教育政策，並主講有關香港歷史、通識教育、公民教育和中史教學研討會。著有通識教育、香港史、中國歷史、中文教學書籍及教材數十種，包括《香港古跡考察指南》、《簡明香港歷史》、《漫談香港史》、《舊香港》、《香港倒後鏡》、《藏在古跡裏的香港》、《如何教好通識科》、《通識應試攻略》等。

價值教育可如何推動香港青年走進大灣區

粵港澳大灣區是國家的重要發展戰略，區內包括香港、澳門兩個特別行政區，以及深圳、廣州、珠海、佛山、江門、肇慶、惠州、東莞、中山等9個城市，旨在加強區域協同合作，促進經濟融合，鼓勵交流互動。

為協助新一代把握粵港澳大灣區發展帶來的機遇，香港特區政府推行了「大灣區青年就業計劃」和「粵港澳大灣區青年創業資助」，為香港青年提供更多機會走進大灣區。

就香港新一代對大灣區發展的看法，早前南都民調中心曾發布《在粵港澳青年大灣區認同度調查報告》，受訪者主要對象是北上就學讀書、就業創業或居住生活在廣東省的香港青年，當中超過九成對大灣區發展前景有信心，其中表示「非常有信心」和「比較有信心」的分別佔53.46%和38.81%，而25至35歲的受訪群組更有62%表示「非常有信心」。

大灣區城市迅速發展，生活出行日益便利

至於表示願意繼續留在廣東發展，以及願意介紹親朋好友到廣東發展，表示認同的亦高達九成以上。研究報告又指出受訪的香港青年對大灣區城市的迅速發展，生活出行日益便利，社會治安穩定均留下印象深刻，而內地的「新四大發明」（即高鐵、數碼支付、共用單車和網購）也大大提高生活效率，是香港青年願意留下工作、創業和生活的原因之一。

所謂耳聽為虛，眼見為實，這些在大灣區生活的香港青年有其親身體會，其意見當然可信性極高，並深刻展現了在粵發展的香港青年對大灣區的認同程度。

然而，這些見解和研究結果鮮為香港傳媒報道。反之，一些以訪問在港青少年為受訪對象的民意調查，就展現了截然相反的圖象，例如香港民意研究所公布的調查，就發現只有近三成受訪者表示願意到大灣區定居或工作，不願意的大約五成，其中12至29歲組別中更有近八成的受訪者表示不願意到大灣區定居或工作。

培育正面價值觀，消除刻板印象和偏見

其實，12至18歲人士仍未成年，心智未成熟，且仍處於就學階段，將他們納入研究範圍實在令人費解，而他們入世未深，甚至未選定大學科目，故未有志向走進大灣區亦不足為奇。此外，他們也可能受本港主流傳媒影響，或受社交媒體和同儕之間形成的刻板印象和集體偏見所左右，所以學校教育在這方面就顯得非常重要，期望可以發揮撥亂反正的作用。

就以價值教育為例，教育局早前公布了《價值觀教育課程架構》（試行版），文件羅列了十大優良的價值觀，當中包括堅毅、尊重他人、責任感、國民身份認同、承擔精神、誠信、關愛、守法、同理心、勤勞等，旨在鼓勵學校在現有基礎下加強情意價值教育，培育莘莘學子正面的態度和價值觀，協助他們以積極的態度面對在學業、生活和成長中遇到的機遇和挑戰。

此外，文件亦強調價值觀教育應以中華文化作為主幹，貫通不同範疇，以跨學科的模式推動價值觀教育，如國民教育、生命教育、媒體及資訊素養教育等，以建立國民身份認同。事實上，不少社交媒體、網上資訊充斥着對國家和香港的負面信息和偏見，所以要讓新一代建立正面價值觀，掌握分析和判斷真偽的能力，有助他們明辨是非，重要性不言而喻。

強化對國家的正面態度，有助推動中港融合

至於從價值教育的層面，正確認識國家歷史、欣賞中華文化及傳統價值觀，培養對國史的溫情和敬意，對國家發展的承擔感和責任感，對中港兩地制度差異的同理心和包容之心，都有助強化新一代對國家的正面態度，有助推動中港融合和大灣區發展，達到人心相通的目標。

平心而論，上一代香港人的國家民族意識較強，他們的父母或自內地移居

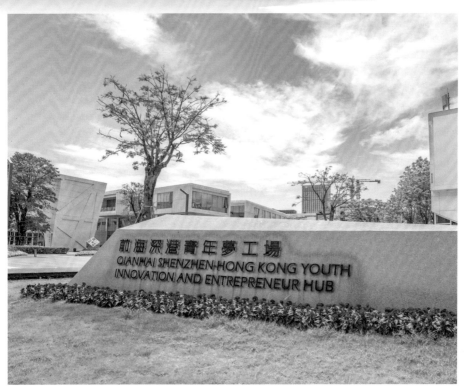

在粵發展的香港青年對大灣區的認同程度高達9成。圖為前海深港青年夢工場。（Shutterstock）

香港，親戚家人或身處內地，入讀表格和學生手冊上必填的個人資料包括籍貫一項，不少人每年都要陪同父母回珠三角地區探親，擁有濃烈的鄉土情懷，對國家的發展有切身體會和觀察，沒有新一代青年對祖國的疏離感。

因此，改革開放之初，上一代港人北上就業、旅遊、探親交友實屬平常，那時候中學或大學畢業或假期旅行的目的地也不是今日流行的日本、韓國或台灣，而是祖國的山河大地；在國家推行經濟改革時，即使國家發展較為落後，不少港人都勇於北上闖蕩和拚搏，而非今日一代的嬌生慣養，不想離開自身生活的舒適圈。

因此，今時今日培養新一代正面和積極的價值觀，對傳統文化的熱愛，建立堅毅精神、勤勞盡責的核心價值，不僅有助國民身份認同的建立，更能促進中港融合，間接可推動粵港澳大灣區的發展。

原刊於2022年1月8日

港人大灣區辦學具前景？

近年，特區政府大力鼓勵大專院校北上大灣區辦學，以發揮香港高等教育國際化優勢，協助大灣區培養人才，提升教育水平。踏入新學年以來，受多種因素影響，適齡入學人口大幅下降，更改變了學校持續上升的預期，令中小學可能面對新一輪的「縮班殺校」危機。

下筆之際，政府宣布合併龍翔官立中學與九龍工業學校，而早前也有消息指兩間港島區中學收生不足，縮班殺校迫在眉睫。因此，教育界人士期望在基礎教育的領域推動大灣區合作，招收大灣區學生，或鼓勵學校北上辦學，或鼓勵老師北上執教鞭等。

然而，這些建議在多大程度上可行呢？基礎教育的大灣區合作是一帆風順還是困難重重？它又是否在一定程度上有助解決中小學縮班殺校的危機呢？

促進大灣區基礎教育合作

國家剛發布了《粵港澳大灣區發展規劃綱要》，當中第八章第一節提到推動灣區教育合作發展。除了已初具規模的高等教育合作之外，在中小學基礎教育階段也提出了以下四方面強化合作的舉措。第一是鼓勵締結姊妹學校；第二是建設港人子弟班和寄宿學校；第三是開放香港教師考取教師資格，並准許他們在內地任教；第四是研究增加內地學位讓在珠三角工作或生活的港人子女入讀，並讓這些隨遷子女參加高考。

上述的措施主要是針對港人或港校「北上」就學或辦學的層面，另外也有教育界人士從「南下」的角度，探討可否讓內地學生來港就讀。最後，兩者形成雙向交流，促進大灣區基礎教育的合作。

港童北上就學誘因不大

先從北上就學或辦學而言，目前廣東省內已有一些具規模的港人子弟學校。然而，隨着2012年前特首梁振英停止雙非孕婦政策後，雙非或單非孕婦的數目從2011年的高峰4萬多下降至2019年的3000多。在這批學生日趨減少的情況下，港人在內地辦學的生源恐怕只能像《粵港澳

大灣區發展規劃綱要》所列的,以在珠三角工作或生活的港人隨遷子女為主。

如果大灣區經濟融合有突破性發展,愈來愈多港人到大灣區定居和發展,希望更多時間陪伴和照顧子女,相信這方面的生源會有增長空間,但似乎數目不會太多,因港人子女北上就學的誘因其實不會太大。

單從升學的銜接問題看,畢竟內地高考競爭激烈,恐非一般香港學生所能接受;如要北上就讀大學,現已有內地大學在港聯招和收生的制度,港人子女不必北上就讀內地開辦DSE或內地課程;如子女在內地中學畢業後最終會回港就讀大學(畢竟香港大學教育水平較高和較國際化),家長就要考慮是否有必要舉家北上生活了?

北上辦學難招生 師資素質恐參差

再者,要以此紓緩香港生源不足問題,無疑是割股啖腹,因大量港生北上或加劇本港收生不足問題,所以成效實有局限。至於《粵港澳大灣區發展規劃綱要》提及的容讓香港教師考取內地教學資格並任教,在目前中港兩地教師薪酬有相當差距的前提下,恐怕參與數目成疑。

當然,如教師本身任教的學校遇上縮班殺校問題,當然會有動機北上,但這些老師會否因「失業」的標籤而影響其在內地的競爭力呢?特別是香港未有內地的教學專業階梯制度,沒有特級教師之類的評級,令師資質素難有客觀的評定標準。因此,香港老師在大灣區教育融合下雖有其機遇,但成效須視乎多方面的條件配合。

至於綱要未有提及的香港辦學團體或學校北上辦學,面對和招收國內學生,大家必須要清楚這些來自香港的學校憑什麼在內地立足呢!相信一些知名的辦學團體或香港的名校在內地定當有一定的吸引力和叫座力,而受惠者恐怕不是受縮班殺校影響的中小學。

此外,擁有最大發展空間的,是香港學校在內地開辦一些如IB(國際文憑)、英國GCSE、美國SAT的國際課程,相信會有相當數量港人在內地子女入讀,因既可憑相關成績報讀本港大學,也可以考慮出國。而對內地人來說,特別是新興的中產階級,相信也有很大吸引力。

但基於同樣道理，這條光明的大道並非一般學校、辦學團體、教師可以自由進出，例如老師要任教IB（國際文憑）是要經過培訓和認證的，縮班殺校的老師能否受惠，實是疑問。

內地生南下住宿困難 效用存疑

從南下的角度而言，准許香港學校招收內地生就讀，其實這建議在2000年教改時已有探討（當時主要提及外地生），但學生的住宿和照顧是一大困難，並非所有學校也有宿舍。

如要學生在深港兩地每日舟車勞頓往返，亦會影響其成績和個人成長，而最終能招收的內地生，相信多是鄰近香港內地出入口岸，或擁有宿舍設備的學校，其發展的普及性不高，對縮班殺校問題的幫助也有限。

總而言之，港人大灣區辦學具光明前景，兩地基礎教育合作亦大有可為，但最終成效和普及性有多大，要視乎很多條件配合，而大灣區合作對紓緩縮班殺校問題的作用恐怕不會太大。

原刊於2021年11月25日

作者簡介

劉煦元，香港退休小學校長、澳門城市大學教育學博士，現職教育評議會項目經理。

發展「人文灣區教育遊課程」芻議

回溯上世紀末，香港科技大學創校校長、時任全國政協委員的吳家瑋教授於1994年提出以三藩市灣區為例，建設香港灣區來帶動珠三角地區發展；2014年獲深圳政府支持，變成了「打造灣區經濟」（陳冠宏、顏麗儀，2020）。2016年灣區構思列入國家五年規劃。珠三角灣區經濟終於在2017年習近平主席的見證下啟動。

發展人文灣區的由來

2020年12月24日，文化和旅遊部、粵港澳大灣區建設領導小組辦公室及廣東省人民政府通知各有關部門落實執行《粵港澳大灣區文化和旅遊發展規劃》（中華人民共和國文化和旅遊部，2020）（下稱《規劃》），這份《規劃》文件是以2019年2月18日國務院正式公布《粵港澳大灣區發展規劃綱要》（中華人民共和國國務院，2019）（下稱《綱要》）為重心。

《規劃》的目標與任務就是共建人文灣區及休閒灣區，構建一個宜居宜業宜遊的優質生活圈。

人文灣區的人文精神

《綱要》的第八章第二節，明確說出「共建人文灣區」，該節含有4個重點：塑造灣區人文精神；共同推動文化繁榮發展；加強粵港澳青少年交流；推動中外文化交流互鑒。

《綱要》（中華人民共和國國務院，2019，頁35）特別指出：「增強大灣區文化軟實力，進一步提升居民文化素養與社會文明程度，共同塑造和豐富灣區人文精神內涵。吸收中華優秀傳統文化精華，大力弘揚廉潔修身、

勤勉盡責的廉潔文化，形成崇廉尚潔的良好社會氛圍，共同維護向善向上的清風正氣，構建清新型政商關係，推動廉潔化風成俗。」廉潔文化正是國家所欲推動弘揚之要。

人文灣區的落實實踐

《規劃》就是為了落實《綱要》的重點，提出了11個專欄36個項目。《規劃》專注提及「共建人文灣區」，《規劃》這份文件就是以《綱要》為本，將《綱要》的4個重點濃縮為3個重點，它們分別是：大力塑造灣區人文精神、共同推動文化繁榮發展及積極促進中外文化交流互鑒。

將《綱要》所提的「加強粵港澳青少年交流」重點並非剔除，而是把它歸併入《規劃》中的「大力塑造灣區人文精神」。專欄1至專欄6是為共建人文灣區而設，如：粵港澳大灣區文化遺產保護傳承工程、粵港澳大灣區青少年交流重點項目、粵港澳大灣區重點藝術交流活動、粵港澳大灣區公共文化設施建設重點項目、粵港澳大灣區文化產業園區和展會項目、粵港澳大灣區文化協同發展平台。而專欄7至專欄11則屬構築休閒灣區範疇。

人文灣區教育遊課程有助學生認識國情及大灣區城市的歷史文化。圖為佛山市展現嶺南風格的鑊耳屋（Shutterstock）

大灣區內的佛山市有不少名勝古蹟值得一遊，包括圖中的祖廟。（Shutterstock）

建議

我們建議香港教育局可以有系統地編整一個「人文灣區教育遊課程」，這是一個9年計劃，由教育局編排學生以9年時間（由小四至中六），遊歷灣區九市（廣州、深圳、珠海、佛山、惠州、東莞、中山、江門、肇慶），每年於暑假或寒假期間，小學生可用兩日一夜的課程，遊歷一個灣區城市；中學生則可用三日兩夜的旅程完成人文灣區教育遊課程。

這是一個小四至中六的必修課程，課程內容由課程專家們編撰，學生完成人文灣區教育遊課程，對國家的國情、國史及該市的文化風俗相信會有進一步的認識。就以學生遊歷目的地，以廣州荔灣區為例，尤其是中四至中六的人文灣區教育遊課程，有可能與最近公布的《公民與社會發展科課程及評估指引（中四至中六）》（課程發展議會與香港考試及評核局，2021）所提及的「內地考察」相銜接。

參考廣州市發展和改革委員會、荔灣區人民政府於2019年12月公布的《廣州市嶺南文化中心區（荔灣片區）發展規劃（2019-2025年）》，文件中有

提及北岸嶺南文化傳統風貌區與南岸嶺南文化創新發展區。若要學生分別在北岸與南岸進行遊歷旅程，學生對國情、國史及該市的文化風俗等灣區文化必有所得，勝過坐在教室聽課。

結語

當香港學生遊歷祖國灣區9市的重點文物保護單位，如：中國歷史文化名街、中國傳統村落、歷史文化街區、國家級非物質文化遺產、中華老字號等的名勝古蹟時，學生在這9年的教育遊課程，無論在價值觀、國民身份認同及人生觀都會有莫大的裨益。

學生參加了9年的「人文灣區教育遊課程」，他們在文化自信、愛國意識等多方面的感知，便會油然而生。

參考書目：

1.中華人民共和國文化和旅遊部（2020）。粵港澳大灣區文化和旅遊發展規劃。中國：文化和旅遊部。

2.中華人民共和國國務院（2019）。粵港澳大灣區發展規劃綱要。中國：國務院。

3.陳冠宏、顏麗儀（2020）。簡明大灣區：特區優勢 聯動世界。香港：《明報》市場策劃大灣區組。

4.廣州市發展和改革委員會、荔灣區人民政府（2019）。廣州市嶺南文化中心區（荔灣片區）發展規劃（2019-2025年）。中國：廣州市發展和改革委員會、荔灣區人民政府。

5.課程發展議會與香港考試及評核局聯合編訂（2021）。公民與社會發展科課程及評估指引（中四至中六），香港：課程發展議會與香港考試及評核局。

原刊於2021年11月29日

作者簡介

陳章華，中華基督教會基華小學校長。2000年投身教育界，2015至2019年曾擔任中華基督教會方潤華小學校長。早年於香港大學取得教育學士（應用資訊科技於教與學），其後繼續進修，先後取得漢語語言學碩士及基督教研究碩士。近年來較多關注教育政策、課程發展、語文教學、學生成長等課題，並曾就有關課題及政策發表文章。

大灣區融合下加強專業發展

多年前，因着本地開始推行「普教中計劃」，曾有機會到內地參觀小學老師作語文教學的示範課，當中感受最深的莫過於老師在教授課文時，不獨字正腔圓，板書設計組織清晰，字體美觀精緻，更重要的是，在情意上的帶動去讓學生理解課文。

還記得當年説的課題是《高山流水》，講述伯牙和鍾子期的友情，老師在吟誦時同時播出輕柔音樂，學生隨之投入其中意境，然後説到二人友誼，分析層層遞進，講解聲情並茂，引起學生聯想到自己與同學間的友情，心生共鳴。因着情感牽引，學生對文章的理解就更深入，始終情感的記憶較為牢固。

那時自己儘管教授語文已有一段日子，也深覺值得學習，那節課堂中所展現的正是自己日常教學當中常常因為「趕進度」而缺少的部分。

除了語文教學，在後來每次內地交流團的學校參觀中，每當見到偌大的校舍都叫人心生羨慕，學生早上總在運動場的跑道上奔跑好幾個圈兒，在寒冬中也能充滿活力，精神抖擻，充滿幹勁地上課。除了課室以外，校園內也必有幾幢活動大樓供學生活動，也有室內運動場，設有游泳池的也不少。相比在香港寸金尺土的彈丸之地中，實在不能不叫人嚮往。

兩地教師應多交流培訓

而在大灣區各地交通日益方便的情況下，個人認為最適宜的是多做教師間的交流，以往教育局也曾推行過不少相關計劃，邀請內地特級教師到港一年，與普教中或數學科老師交流，安排培訓、試教、工作坊、共同備課等，在學科專業上彼此交換意見。本地也曾有英文老師往內地逗留一段時間，與當地英語教師進行交流培訓。

這些計劃無疑是當局就兩地實際需要而安排，可惜在疫情底下現時也難有機會實行。

在大灣區融合底下，現時本港除了有不少跨境學童外，也有不少港人到內地工作和學習，因此，兩地教師實在有需要多多互相了解，溝通交流，以提供更完善的教育服務。從深圳灣口岸到天水圍、元朗等地，只需15分鐘左右，港珠澳大橋亦已互通，來往各地關口亦甚多，各地區教師能互通有無，多作專業交流，學習彼此優勢，即能發揮更佳效果。

成立大灣區交流資源中心

就小學而言，語文、數學、英語、價值觀教育等科都非常合適作為交流的學科。目前新界西及北區學校不少已具備與內地學校聯繫及收生經驗，這些相對鄰近關口的學校，可以作為資源中心，舉辦專業培訓，邀請內地專家到校講座或示範課，以便利於本港其他教師到校參加。

而這些資源中心，在疫情反覆的情況下，亦可充當協調中心，統籌與內地學校協助跨境生網課、繳交功課和通告、應付測考等問題。

建議強化學制銜接交流

另外，除就學科的專業交流外，兩地學制亦有所不同，由於日後大灣區內各地關係勢必更加密切，各省市人員來往港珠澳等地區將更趨頻繁，假如彼此在學制上有更理想的銜接，將有助學生早日適應不同地區的學習生活，尤其在升小及升中的銜接方面更為重要。

現時有一些學校亦有提供類似課程，讓學生在來港就讀前先上一個為期數月或半年的預備課程才到港學習。然而這僅屬個別例子，如各地學校有更緊密聯繫，或強化姊妹學校計劃與鄰近學校的關係，彼此學校教師亦多作協調，拉近學生學習上的差異，同時在學生轉讀時有良好的銜接課程選擇，總比降級就讀一整年為佳。

總括而言，在「十四五」規劃和大灣區融合的大環境下，區內各地的各行各業均會互為影響，教育行業亦將身處其中，因此，首先要加強教師專業培訓，才能讓學校在面對轉變時具備競爭力及彈性。

原刊於2022年2月15日

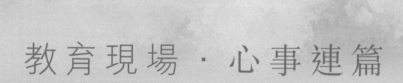

教育現場・心事連篇

教育，海闊天空

從香港國安教育，察看嚴復海權論

撰文：何漢權（作者簡介見14頁）

國家主席習近平於七一回歸25周年發表重要講話，除向港人表達深切關懷，表達中央政府對香港高度重視外，為一國兩制的實施奠下「沒有理由改變」的堅實的基石，亦從「有史以來」的客觀歷史視野，稱讚香港在每一個歷史時刻裏都付出不可取代的貢獻！鏗鏘有力回答香港乃至整個國際社會「香港從哪裏來，要到哪裏去！」從情理法的角度更清楚指出，香港與祖國是生命共同體，有源有流，有根有本！今天世局歪變，以歐美為首的西方列強繼續破壞「列國制度」（nation-state system），用圍堵、孤立、制裁、分化、插贓搗亂甚且武力介入等手段，破壞異見國的政治、經濟、社會、民生與教育等各個層面，是無所不用其極。

香港與國家是生命同根同源，必須嚴正地以語言及行動，旗幟鮮明地説「不」。國家安全的維護必須高度重視，各界有責。香港地處南方海上出口大門，守海前哨，事關國家安全的「海權」教育，亦應為社會各界密切關注，本文試淺論此一課題。

事關國家安全的海權教育

2022年6月17日，中國第三艘航空母艦福建號下水，這是亞洲的第一艘超級航空母艦，該艦水線長約300米，比美國海軍的福特級航空母艦短約10餘米。美國《外交家》（The Diplomat）雜誌編輯羅伯特 · 法利（Robert Farley）認為，福建號航母在建成後將成為「有史以來在美國以外建造的最大、最先進的航空母艦」。對我國而言，這一試航為緊張的南海局勢注入重要海防信心與力量，也彰顯國家綜合國防發展實力。

翻看近代中國史，中國歷來重陸輕海。晚清政府在系列海戰上連連失利，暴露了中國的海軍實力不行，防禦不足，海防重視不足，有識之士走上尋求國家富強之路，意識到海洋的價值，海防的重要性，其中嚴復是先行者之一。

嚴復（1854年—1921年），福建人，福州船政學堂的第一屆學生，是中國

最早一批赴英國學習海軍航海技術的留學生之一，也是近世海權理論在中國最早的傳播者。動盪的歲月，中華民族面臨被列強瓜分及亡國滅種的危險，在國家命運飄搖之際，嚴復尋求強國之路。甲午中日戰爭是嚴復思想的轉變期。戰爭前，他留學西方，了解和認識西方社會和思想，也提倡學習西方，但是對於中、西文明的關係尚未形成清晰的看法。海上戰事不斷，各種作戰、建設與戰略運用的著作紛紛問世，其中，弗雷德·賽耶·馬漢（Alfred Thayer Mahan，1840年－1914年）的《海權論》對嚴復影響頗大。據馬漢闡述，海權是指國家或者國家力量利用海洋的能力，是國家實力的一部分。至甲午中日戰爭爆發，嚴復在洋水師學堂擔任總教習一職已經14個春秋。中日甲午戰爭，嚴復的不少同窗舊友都義無反顧地上前線戰場並且犧牲。他在痛心疾首之下，結合了自己的船政背景，認真分析了戰敗的原因，提出了中國要轉貧為富，轉弱為強，維護國家主權利益，就必須重視海軍建設、海權建設。

維護國家主權須建設海權

在《代北洋大臣楊擬籌辦海軍奏稿》中，嚴復寫道「海軍亟宜興復」，認為沒有強大的海軍就談不上海權，他高瞻遠矚地發聲：「早建海權，國振遠馭之良策，民收航海之利資」。其出發點不僅是國防，還關係到貿易商業。其緊迫性和重要性可從以下六點來分析：

一.「必有海權，乃安國勢」。海權關係着國家的安全和強大。「落後就要挨打」的慘痛經歷，比比皆是，沒有海權，就沒有安全。

二.「將修內政，先固外封」。鴉片戰爭後，內河航海沒有海岸線，侵略者由中國的海上進入內河，隨時可以達到要地。海權，就是有必要時，實行海上交通控制，拒敵於海洋國土之外。

三.「欲求公道，必建強權」。嚴復指出要有公道，國家必須要先有實力。

四.「消內患，彌外憂」。嚴復指出當時會匪、遊勇不絕，沿江沿海港口紛繁，籌辦海軍可以清理內匪。

五.「嘉謀及遠，翕附僑黎」。中國僑民在南洋各島人數眾多，勤勞啟關，卻被他國欺壓掠奪，呼救亦得不到幫助，而強大的海軍可保華僑。

六.「振聲威，資聯合」。要平等地和其他國家相處，必須要有強大的海軍，才不會其他國家所輕視。

近代歷史表明，有海權，有海軍，才能獲得話語權以及保障領土完整。（Shutterstock）

嚴復海權強國思想意義深遠

嚴復上述提出的每一條，都在說明沒有海權，國家是沒有未來的。他發出了建設性、前瞻性的呼籲，為了啟發民眾，為了讓大家深刻認識到民族危機，他還從思想上進行啟蒙，翻譯《天演論》，創辦《國聞報》，他所從事的所有的文章、書評、翻譯、教育，海軍建設都圍繞着一個點，那就是保障國家的完整，尋求國家的富強。嚴復的海權強國思想不僅在過去意義重大，對於今日中國，也同樣意義深遠。

近代歷史表明，有海權，有海軍，才能獲得話語權以及保障領土完整。而海權建設就離不開海軍建設，海軍建設離不開海洋強國的重大部署和科技創新。海軍建設一定是要從維護領海主權出發，中國從不尋求美國式的無限海權，但我們一定要有強大防禦性的準備。1979年4月，鄧小平提出防禦性的近海作戰，中國永遠不會稱霸：「我們的海軍，應當是近海作戰，是防禦性的，不到遠洋活動，我們不稱霸，從政治上考慮也不能搞。海軍建設，一切要服從這個方針⋯⋯。」

2013年8月28日至31日，習近平主席在遼寧考察時說：「海洋事業關係民族

生存發展狀態，關係國家興衰安危。」海軍建設，從來都離不開海權意識、海軍裝備及創新科技。現階段，中國海洋事業正處於不斷發展，正處於歷史中最好的時期，這一切，反映了中國海權意識的群體性覺醒。回到香港，重視國安教育處於萌芽階段，海防重要論，對整個學界而言，更是不甚了了。其實，我國南疆面積，海洋遼闊，究竟有多少師生知道「曾母暗沙」的位置在哪裏？歐美列強在霸佔海權，圍堵中國的嚴重情況又怎樣？大家必須正視。而水深海濶的香港，又如何扛起海權維護的應有責任？學界又要怎樣透過對國安與海權的認識，層層深入，培養國安教育的人才？

原刊於微信平台「中環一筆」

2022年7月22日

中國文明探源　向心離心關鍵

撰文：何漢權

二十一世紀走到今天，世界確實又進入另一大變局，何謂國際規則？什麼叫普世價值？民主與獨裁怎樣定性？教育與反教育的定義在哪裏？已是各處鄉村、各個城市、各個國家都已各處例，什麼都無法確定的了。但地球依然運轉，鄉民、市民、國民生活必須「正常」下去，受到認同的政權保護，永續發展。香港2012年至2019年的社會動亂一波接一波，層層疊疊，痛苦經歷的煎熬催迫，終有《港區國安法》的制定，局面得到穩定，市民大眾外出終有免於恐懼的自由，但政治矛盾繩結未解，行動上留港與離港，思想上向心與離心的矛盾，目前未見紓解，港人移民移居潮依然，西方先進國家以優惠的政策斂錢財，挖人才是無所不用其極，正在進行中。由此牽動的經濟、社會乃至教育層面的波動，往後必須仗賴政府的有效帶領，以及港人的向心與團結，動感之都的心跳，方能健康正常，於回歸第二個25年的轉折點上，再次啟航。

一國兩制的香港，一國在前，這是法、情、理的牢牢結合，李家超候任特首提出多次要對國家忠誠，對香港熱愛，對人民負責。這對政治任命的香

港行政長官而言，對國家忠誠當是充份而必須的條件，否則無法談上對香港的熱愛，以及對人民負責，但如何引導全港市民同樣與特首一樣，對國家忠誠？使命光榮，責任重大，任務十分艱巨。國家，當指中華人民共和國，而當代中國是承襲歷史上各朝各代的，由遠古、中古到近世的中國而來，內含各民族的摶成，文化的層疊與融和，並由此衍生的中國精神，中國價值，中國力量，千頭萬緒，百般方法，竅妙都在生生不息的教育，這是國民包括香港人的向心所在。向心在於身份認同與價值支撐，最深層次的認同與價值的連成，就是歷史與文化的紮根，知、情、意、行層層推進，不能急躁，不能懶惰，無捷徑可走，口號不能代替行動。否則，無法抵擋糜爛的自由主義與極端恐怖的民粹主義的侵襲。當我們對自己國家的歷史與文化，知性與感性強烈結合，情義法理能夠相繫，留港建港愛國必然！

在教育現場，冷靜思考，熱門及重要的課題，國家主席習近平於5月27日於中共中央政治局，就深化中華文明探源工程的發言：「中華文明源遠流長、博大精深，是中華民族獨特的精神標示，是當代中國文化的根基，是維繫全世界華人的精神紐帶，也是中國文化創新的寶藏。在漫長的歷史進程中，中華民族以自強不息的決心與意志，篳路藍縷，跋山涉水，走過了不同於世界其他文明體的發展歷程。要深入了解中華文明五千多年發展史，把中國歷史文明歷史研究引向深入，推動全黨全社會增強歷史自覺、堅定文化自信，堅定不移走中國特色社會主義道路，為全面建設社會主義現代化國家、實現中華民族偉大復興而團結奮鬥」。這番話，落地在中央政府設定一國兩制下的香港，除「全黨」兩字及「社會主義」四字外，全段用語，香港社會各界，特別是學校教育各持份者，必須予以高度重視。

錢穆《國史大綱》信念歷久常新

那是烽火連天，國家多難的歲月，中華民族生死存亡的1939年，國史、國學大師錢穆先生寫下《國史大綱》，成書的四點信念及其附註，確是珍貴、歷久常新，其中一點「所謂對其本國已往歷史略有所知者，尤必附隨一種對其本國已往歷史之溫情與敬意。否則只算知道了一些外國史，不得云對本國史有知識」；中國社科院考古研究所的前所長夏鼐，取得倫敦

大學考古博士的埃及金字塔研究專家，放棄英國生活的優容，當國家愈艱難，愈要紮根中華大考古研究工作，由抗日戰爭到國共內戰，到新中國成立，物質生活是一窮二白，再經歷文化大革命的劫難，九死未悔，堅持在中國東南西北的考古發掘工作。於1985年將前赴日本的學術演講，整輯成《中國文明的起源》，用綜合學科的探究，運用碳14的技術測定、分析作出結論，中國文明實在是從殷代開始，距今最少有5000年的實證，從而有力駁斥日人認為殷墟故事只屬傳說，子虛烏有，中華文明沒有那麼源遠流長，沒有那麼世界獨有和偉大。夏鼐先生的終生不渝，踔厲奮發開拓中國考古學，可以説就是今天習近平強調的「中華文明探源工程」的開啟篇。

錢穆先生《國史大綱》的另一信念接續是「所謂對其本國已往歷史有一種溫情與敬意者，至少不會對其本國已往歷史抱一種偏激的虛無主義，即視本國已往歷史為無一點有價值，亦無一處足以使彼滿意，亦至少不會感到現在我們是站在已往歷史最高之頂點，此乃一種淺薄狂妄的進化觀。而將我們當身種種罪惡與弱點，一切諉卸於古人。此乃一種似是而非之文化自譴」。從錢穆、夏鼐等學者之言與行看，今天台獨、疆獨、港獨夢寐又搬橫折曲，企圖斬斷、矮化中國歷史與文化。硬要去中國化歪路的，最終會是走上滅亡之路。根深方能葉茂，艱苦奮進，困乏多情，中國史學的錢穆、考古學的夏鼐、敦煌學的常書鴻、港人熟悉的饒宗頤，英國漢學的李若瑟、湯恩比……都用嚴謹的學術告訴「我們」今天的中國。在地探索中國文明的起源，顯然十分重要，這是離心與向心教育的關鍵。

原刊於《信報》
2022年6月4日

作者簡介

朱啟榮，香港大學教育博士，多間幼稚園、小學、中學校董，現任中華基督教會協和書院校長，曾任多間中學校長、副校長。曾任津貼中學議會執行委員、黃大仙區中學校長會副主席、香港中學校長會執行委員及屯門區中學校長會秘書；並擔任香港大學、香港中文大學及香港浸會大學兼任講師。朱校長曾帶領中華基督教會協和書院在2013、2014及2015年連續三年獲得香港最受推崇知識型機構大獎（Hong Kong Most Admired Knowledge Enterprise (MAKE) Award），為第一所本港獲此殊榮的中學，2014年度更獲全港首名得獎機構及榮獲亞洲最受推崇知識型機構大獎。

學校與智慧資本（上篇）

筆者曾在「教評心事」簡介Cochran-Smith & Lytle（1999）提出的3種教師的教學知識，包括「理論式知識」knowledge-for-practice（formal knowledge）、「實踐式知識」knowledge-in-practice（practical knowledge）及「探究式知識」knowledge-of-practice（inquiry knowledge）並作對比。現以智慧資本（intellectual capital）作一綜合探討。

什麼是智慧資本？

在現今知識經濟時代，知識型企業的價值來源已由以往傳統的土地、資金、原料等有形資產，轉變為以智慧資本為主體的無形資產，知識型企業是否能發展的關鍵在於企業能否掌控智慧資本的儲存、累積與流通。

智慧資本（intellectual capital，簡稱IC）是無法在傳統資產負債表中揭示其價值的資產，可藉由掌握關鍵知識、實務經驗、科技、顧客關係及專業技能而提供組織競爭優勢，舉凡商譽、商標、專利、口碑、顧客關係及專業技術等無形資產皆包含在內。無形的智慧資本主要能夠提供一個全新的模式來觀察企業的價值所在。

1991年起，Leif Edvinsson帶領Skandia保險與財務服務公司進行一系列智慧資本相關衡量指標的研究，1995年Skandia公司公開了世界第一個智慧資本年度報告，提出財務、顧客、程序、更新與發展、人力等5個面向的智慧資本。相較於傳統對於企業運作着重於財務面的評估，智慧資本包含了許多隱性資產面向的評估。這些隱性資產就是公司所蘊藏的隱性知識（tacit knowledge）。

正如筆者曾撰文指出，這些隱性知識通常是一些「實用知識」（程序性知識），大多為未能用文字發表出來的個人經驗、心得或意見，當中包括個人的價值觀、洞見、直覺、偏見、感受、印象、象徵和信念。這些知識儲存在人的腦中。由於這些知識未經整理成可供閱讀的知識，因此它們有不易分類編碼及提取的特性。

一般隱性知識屬於個人層面，通常不易溝通和分享。透過知識轉化的過程能將個人層面的隱性知識轉化成團體/機構層面的隱性知識，以便團體/機構內更多人分享及提取甚至擁有有關的隱性知識。

企業必須建立一套完整的智慧資本管理機制，以創造公司價值及增進企業的競爭優勢，即是如何將機構內或員工有的隱性知識整理及保存。智慧資本應該發揮兩項功能：

（1）將可轉化的知識整合起來，保存原本易流失的知識；

（2）及時連結人與資料、專家等知識體系，避免當資深人員離開機構時，造成機構知識的重大流失。

Kaplan和Norton在其著作《平衡計分卡》（*The Balanced Scorecard*）中，創建了一種有力的框架來度量和監測公司的價值創造成就。作者使用四方面的全面量度角度——財務業績、顧客知識、內部商業過程以及員工學習和成長——將個人、組織和跨部門的主動性結合了起來。

平衡計分卡是立足於企業的戰略規劃，通過對創造企業未來良好業績的驅動因素的分析與衡量，從財務、顧客、內部流程以及學習與成長等4個方面綜合衡量和評價企業的經營業績。

平衡計分卡全面評估了企業各種資本的價值，不但包括財務資本與智慧資本，而且，平衡計分卡的4個方面分別與各種資本一一對應：財務方面對應財務資本；顧客方面對應顧客資本；內部流程方面對應流程資本；學習及成長能力方面對應人才資本與創新資本。因此我們可運用平衡計分卡方法中設計的指標分別評估智慧資本的各方面。

智慧資本對學校意味着什麼？

與其他組織一樣，學校擁有有形資產和無形資產，但它們沒有任何作為商業公司產生收入的迫切需要。然而，作為學習機構，學校必須發展其核心無形資產之一：為公眾提供優質教育服務的智慧資本（IC）。

智慧資本由組織中的個人或集體知識組成，可用於獲得競爭優勢並提高其他類型資本的價值（Casey，2010）。它包括除「專有技術」、程序、經驗、教訓和所有其他知識之外的各種內容。它還包括聲譽、品牌認知度、信任和許多其他最終基於知識的品質。

Cheng（2012）認為學校教育應發展學生的學習能力，讓他們為迎接22世紀的挑戰做好準備。持續提升學校的整體表現，以及學校在行政管理方面的效率和效能，以吸引優質學生並保持學校可持續發展的聲譽——不僅是學生的學業和非學業表現。辦好學校教育實在是一項巨大的挑戰。

面對課程改革的衝擊和挑戰和社會的快速變化，學校領導應以更多的資源加強教師的專業能力。這些支持性資源可以被概念化為學校智慧資本。

建立智慧資本以創造價值是所有組織的重要知識管理過程（Stewart，1997），

學校也不例外（Kelly，2004）。因此，Kelly（2004）主張，在這個風起雲湧的時代背景下，知道如何建立學校的智慧資本以創造價值對於學校的生存至關重要，因此學校智慧資本將是社會對學校的預期。

Kelly（2004）聲稱學校智慧資本及學校與其利益相關者之間的關係有關，從學校創新和管理變革的組織學習能力，從其組織結構和文化，以及其員工的知識和經驗以及可轉移的能力。

由於學生和家長可能有一天會離開學校，教師的能力，包括他們的集體經驗和專業知識，是學校發展的長期資源的最大潛力（Basile，2009）。必須優先考慮這些資產，以便學校能夠充分發揮其潛力。因此，將學校組織的知識資源轉化為學校智慧資本是學校領導的一項基本任務。

知識管理如何為學校智慧資本做出貢獻？

學校通過知識管理將所管理的知識轉化成智慧資本。知識管理為機構創建一套機制來衡量、存儲知識並將其轉化為智慧資本。由於知識管理關注的是簡化、改進、共享、分配、創造、捕獲和理解知識的過程（Gottschalk，2006），因此它是從機構的無形資產中創造價值的過程（Liebowitz & Megbolugbe，2003）；因此，在學校實施知識管理策略可以構建學校智慧資本。

在個人層面，知識管理提高了員工了解如何執行知識任務的能力。在組織層面，知識管理增強集體決策和解決問題的能力，以提高組織績效（Sallis & Jones，2002）。同樣，學校的知識管理可以鼓勵教師檢索、應用、分享、創造和儲存教學及行政知識以改進教學和學校行政的任務和策略。知識管理可以加強員工的專業能力，提高組織的有效性，從而積累學校智慧資本。

Leung（2010）研究香港學校的知識管理實施情況。他發現香港學校的知識管理不僅為教師提供了一個討論不同教學理念和發布學生學習資源的平台，而且保留了教師的專業知識，提高了他們的教學和學習績效，令到學校的知識社群得以發展，並培養了教職員間的學習文化。知識管理有助於捕捉和保留豐富的教師知識，並通過行政工作和教學中的知識轉移來加強新教師的知識，從而保留知識，進而建立學校智慧資本。

總結

筆者在本文簡介智慧資本及對學校的重要性，也描述學校知識管理與智慧資本的關係，並對教師群體中對知識及其與實踐的影響。這種智慧資本所釋放出的概念具豐富的含義，正如Basile（2009）所言，是學校發展的最大潛力。我們身為學校領導，需要對智慧資本更多的理解。

參考文獻

- Basile, C. G. (2009). Intellectual capital: The intangible assets of professional development schools. Albany: State University of New York Press.
- Casey, N. H. (2010). Integrated higher learning — An investment in intellectual capital for livestock production. Livestock Science, 130(1-3), 83—94.
- Cheng, E. C. K. (2012). Knowledge strategies for enhancing school learning capacity. International Journal of Education Management, 26(6), 557—592.
- Edvinsson, L., & Sullivan, P. (1996). Developing a model for managing intellectual capital. European Management Journal, 14(4), 356-364.
- Gottschalk, P. (2006). Stages of knowledge management systems in police investigations. Knowledge-Based Systems, 19(6), 381—387.
- Kaplan, R. S., & Norton, D. P. (2007). Balanced scorecard. In Das Summa Summarum des Management (pp. 137-148). Gabler.
- Kelly, A. (2004). The intellectual capital of schools: analyzing government policy statements on school improvement in light of a new theorization. Journal of Education Policy, 19(5), 609—629.
- Leung, C.H., (2010). Critical factors of implementing knowledge management in school environment: A qualitative study in Hong Kong. Research Journal of Information Technology, 2(2), 66—80.
- Liebowitz, J., & Megbolugbe, I. (2003). A set of frameworks to aid the project manager in conceptualizing and implementing knowledge management initiatives. International Journal of Project Management, 21(3), 189—198.
- Sallis, E., & Jones, G. (2002).Knowledge management in education: Enhancing learning and education. London: Kogen Page Ltd.
- Stewart, T. A. (1997). Intellectual Capital: the new wealth of the organization. London: Nicholas Brealey Publishing Limited.

原刊於2022年1月18日

學校的智慧資本（下篇）

筆者在上文簡介學校與智慧資本（intellectual capital）的關係。本文將簡介學校的智慧資本的組成及其中一種學校的智慧資本——「人力資本」作一介紹。

學校的智慧資本（intelligence capital）

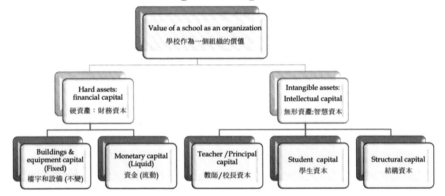

上文提及學校的智慧資本（intellectual capital,簡稱 IC）的概念源於商界，一般企業都擁有硬資產 (tangible assets)及軟資產/無型資產（intangible assets）。智慧資本就是那些無法在傳統資產負債表中揭示其價值的無型資產，當中包括：行業的關鍵知識、實務經驗、科技、顧客關係、商譽、商標、專利、口碑及專業技術等皆包含在內。

學校與其他商界企業一樣，擁有有形資產和無形資產，但它們沒有任何作為商業公司產生收入的迫切需要。然而，作為學習機構，學校必須發展其核心無形資產之一、為公眾提供優質教育服務的智慧資本（IC）。

學校的智慧資本所蘊藏的是隱性知識 (tacit knowledge)。學校必須建立一套完整的智慧資本管理機制，為學校增值及增進學校的競爭優勢，即是如何將學校內或員工有的隱性知識好好地整理及保存，以便讓所有教職員可以分享及運用，甚至可以再創造一些新知識及一些新智慧資本。

學校智慧資本的組成

學校的智慧資本包括一所學校所有程序和無形資產，智慧資本由組織中的個人或集體知識組成，可分類為人力資本和結構資本兩大類，是一切能為學校

增值的無形資本，如知識、
能力、經驗、團隊精神、學
校組織結構、機制、公共關
係等。學校這些智慧資本有
賴於學校的成員經多年以來
在學校組織及群體中建立及
積累。

Kelly（2004）認為學校的生存需要學校領導懂得為學校建立智慧資本以協
助學校創造價值。Kelly（2004）聲稱學校智慧資本與學校與持分者息息相
關。

人力資本又可分為校長及
教師資本和學生資本。
人力資本非學校所擁有的，
其提升有賴學校的關鍵成員
的自發性，他們的去留會影
響學校資本的升跌。對於學
校，這顯示了校長、老師和

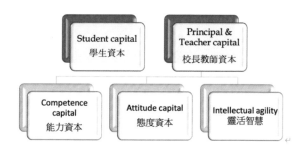

學生在人力資本上的重要性，也顯示了校長對於不能控制人力資本的去流
的無能為力，但校長在人力資本的控制上也可以間接手段加以提升。

學生資本是指學生本身的能力及其可塑性，即是學生現今的水平及未來可
以發展的水平的綜合資訊。學生資本與學生入學時本身的學術能力有關，
亦與學校的教學水平有關。這意味著學校能否吸納高學術能力的學生及其
家長報讀學校，並且學校及教師能否有效能地進一步培養學生的能力，讓
他們進一步提升。

校長及教師資本是指校長及教師的能力，校長、教師和教學助理透過其
能力、態度和靈活智慧來為學校創造資本。這些資本是與教師的學識、專
業、態度和創意等相關，包括他們的集體經驗和專業知識，亦涵蓋學校創
新和管理變革的組織學習能力。這些資本也與學校組織結構和文化、其員
工的知識和經驗以及可轉移的能力，以便學校能夠充分發揮其潛力。

Competence capital 能力資本	Attitude capital 態度資本	Intellectual agility 靈活智慧
定義 •技能(skills)和技術(know-how)的總和 •包括解決問題能力、技能/學術知識、管理及人事關係技巧	**定義** •工作上的行為取向，包括積極性、工作道德、策略願景(strategic intent)等	**定義** •透過能力與態度的結合，靈活運用知識以解決問題，提出具創意性的改變和解決方法
指標/例子 專業學科知識 教學技巧 課室管理技巧 教育體制的掌握 領導能力 管理技巧	**指標/例子** •持樂觀態度 •懂得自我鼓勵、自我監察、自我評估 •嚴守專案操守，工作以學校/學生利益為依歸 •願意把個人知識貢獻學校 •願意為學校的共同願景而努力	**指標/例子** •從經驗/失敗中學習的能力 •教育變革中的適應能力 •自我求變以達致進步的能力 •教師、學生和家長均能接受改變

能力資本是指技能（skills）和技術（know-how）的總和。一般而言，能力與教育是相關的，要獲得能力是不能透過反覆試驗，而是要透過正式的教學各學習。技術則包括解決問題能力、技能/學術知識、管理及人事關係技巧。要掌握解決問題能力，就必須先了解有關技術，才能構想解決問題的方法。

技能/學術知識的掌握可以是由基本對學校日常運作的了解，亦可深化至對於教育範疇的專業知識的掌握。校長在能力資本的控制上也可以間接手段加以提升，校長可以刻意地挑選具備相關的能力資本人才加入教師團隊，並藉日常工作及精心設計的專業發展計劃及政策鼓勵教師團隊成員彼此分享，進一步提升教師團隊的能力資本。

態度資本是指工作上的行為取向，包括積極性、工作道德、策略願景

（strategic　intent）等。教師必須要積極把個人能力貢獻於學校，才能為學校增值。策略願景是指教師對於邁向學校共同願景中所具有的能力、渴望及堅持；包括評估及改善策略的積極性。

學校較難在提升態度資本方面提供適當的平台，主要有賴於教師本身的性格，如僱用態度正確的教師。校長也可透過教師考績（teacher appraisal），校長可就着教師的工作表現及態度上作適當的引導，另外，亦可透過啟導計劃（mentoring scheme），安排一些高效能教師在專業態度上影響新教師。校長也可以間接手段加以提升態度資本。

靈活智慧是指透過能力與態度的結合，靈活運用知識以解決問題，提出具創意性的改變和解決方法所帶來的資本。學校的靈活智慧，建基於校長/教師把適當的能力運用於不同的情況，並從經驗中學習；創新能力、模仿能力、適應能力和帶動能力是靈活智慧的特徵。

創意是指透過既有知識和經驗，製造新的知識，並把知識運用於學校的結構資本。模仿資本是指懂得把他校好的制度/政策應用於本校組織，並因應情況加以改良。帶動能力是指把學校的革新概念，如課程和制度改變，傳遞給教師、學生和家長，使大家也為改變而共同努力。

靈活智慧資產有利於學校改革和持續成功。校長在靈活智慧資本的控制上也可以間接手段加以提升。學校可透過每一次大型活動或處理重大危機後的檢討，例如學校成員在過程中有哪些部分做得不錯可以獲肯定及讚賞，有哪些部分可以有改善的空間及如何改善。這些檢討結果都記錄在案，而下次舉辦類似活動時可以重新檢視相關檢討結果以作參考，而將舉辦活動或處理重大危機的經驗累積起來。

學校通過知識管理將所有靈活智慧的經驗轉化成智慧資本。知識管理為學校創建一套機制來衡量、存儲知識並將其轉化為智慧資本。在個人層面，知識管理提高了員工了解如何執行知識任務的能力，以提高其靈活智慧。在學校組織層面，靈活智慧的知識管理能增強集體決策和解決問題的能力，以提高組織績效（Sallis & Jones，2002）。

同樣，學校的知識管理可以鼓勵教師檢索、應用、分享、創造和儲存靈活

智慧的知識以改進教學和學校行政的效能。靈活智慧的知識管理可以加強員工的專業能力，提高組織的有效性，從而積累學校智慧資本。

總結

筆者在本文簡介智慧資本的組成及人力資本的含義。由於篇幅所限，留待下次再介紹智慧資本的另一部分結構資本。

參考文獻

Sallis, E., & Jones, G. (2002).Knowledge management in education: Enhancing learning and education. London: Kogen Page Ltd.

原刊於2022年2月23日

作者簡介

陳玉燕，香港中文大學文學士、教育碩士、文學碩士，主修中文。現任風采中學校長、教育評議會副主席、香港教師及校長專業發展委員會委員、香港公共圖書館諮詢委員會委員、課程發展議會—香港考試及評核局中國語文教育委員會委員。長期關注課程發展、課程組織等議題。對中國語文課程發展、教學方法、閱讀推廣等亦具心得，常獲邀擔任課程詮釋、課程設計、閱讀推廣等教師講座及工作坊演講嘉賓。

看《梅艷芳》談專業

因為疫情，也因為線上各種電影串流平台帶來的方便，已記不起上一次進電影院是什麼時候了，月前因為《梅艷芳》電影上畫，還是決定進場。本身並非梅的歌影迷，進場為的是緬懷一個成長的年代，而她，正是這個年代的標記。

關於梅艷芳，有許多細碎的記憶，其中一個非常深刻的是她奪取新秀桂冠的那一夜——金色舞衣、自信台風、獨特唱腔，燈光影照下，台中一站，就是氣勢。眉宇間充滿英氣的她，指尖一揮，彷彿掀開了80、90年代流行樂壇的序幕，而背景正是香港在各方面騰飛躍進的流金歲月。

梅艷芳對工作充滿熱忱

所以看電影，從某個角度看，是走進歷史，回溯當年。電影評價，各有不同。唯逝者為大，論者多予稱許。感謝製作團隊的用心，以一個人物傳記，呈現時代風貌，更重要的是讓人體味一代人對專業的堅持。

相信無論你是否喜歡梅艷芳，也不能否認她是個非常專業的表演者。她的專業行內外著稱，其中無容置疑的是她對工作的熱誠及投入。她4歲踏上台板，至40歲在演唱會唱最後一首歌，每次演出，對歌、舞、造型、舞台設計……全部一絲不苟。

台上從容不迫，有着攝人的力量，歌曲在她演繹下，往往有着不一樣的韻味，這在她唱別人的歌時，更是明顯。事業愛情人生，她走過高山低谷，然對演、藝的熱愛及投入，熱情不減，初心不變。這種對工作熱忱既是貫徹始終，又能在長久年月歷盡艱險中，恆溫保暖，着實令人敬佩。

梅在演藝生涯中，勇於嘗試、敢於創新、屢求突破，從形象到歌路風格，別樹一幟，贏得百變美名。從影以來，演活不少膾炙人口的角色，如花的痴情幽怨、審死官所呈現的喜劇感……不一而足，莊諧俱可，古今皆宜，即或反串，

亦沒有違和感。她對專業求變的堅持及尊重，不僅是演藝人的典範，也實值其他行業取法。

梅艷芳為自己策劃了生命的告別式，夕陽之歌，是她生命的寫照。（《梅艷芳》臉書圖片）

無私關愛後輩　做事有始有終

電影中有個有意思的小片段──剛在樂壇嶄露頭角的梅，接到粵劇名伶任劍輝女士的來電，兩人素常並無私交，對於任姐來電，梅有點受寵若驚。原來任姐是次致電，是得悉梅當時聲沙，特告訴她「開聲」偏方。梅訝異於任姐為何對她如此親切，設計師兼好友拋下一句：「何用驚訝？前輩提攜後輩是天經地義的。」

後來紅透半邊天的梅，為人稱頌的，就是她對後輩的扶持提攜。這是否受任姐啟發？我們無從稽考。有云同行如敵國，然那一輩人對後輩純粹、無私，如親人般關愛的提拔之心，足叫人感動。看來專業之所以為專業，並非單求自身的好，更是念及行業的傳承與永續。

片中一再回旋的句子：做人做事要「有頭有尾」，是以梅即或病重，仍堅持開8場演唱會，為的是對歌迷有個交代，鄭重地向他們告別。電影重現這一幕：她披上婚紗，低迴着《夕陽之歌》，款款登上長階梯，站在盡頭高處，毅然轉身，用力揮手，瀟灑地拋下一句：bye bye！

然後堅定轉身，高台上大門緩緩關上，餘音在空中迴盪……是生命最後的力量使得這告別變得沉重，因為眾人皆知，這並非一般告別──是說再見，但永不能再見。她為自己策劃了生命的告別式，夕陽之歌，是她生命的寫照。她以最精彩的表演、最擅長的專業，獻給長久支持她的歌迷。她以生命來演繹有始有終──怎樣開始，就怎樣結束，對她而言是一種圓滿，在我們看來，是何等悲壯！

斯人已逝，然其專業精神令人肅然。電影看畢，當頭棒喝。不禁叩問自我，那一份入行的初心、熱忱仍在嗎？

關於梅，還有一個深刻的片斷是得悉她死訊的一天。這天剛好與家人外遊回港，這天也湊巧是母親的壽辰。現母親仙遊多年，看電影《梅艷芳》，懷念成長的歲月，思念歲月中母親的身影。感謝母親，身體力行，教我何謂專業，讓我珍視、持守那些可能日漸褪色的價值。

原刊於2021年12月21日

智商、情商和愛商

撰文：蔡世鴻（作者簡介見16頁）

這陣子我在整理人工智能的教材時，偶然看到馬雲對AI（人工智能）與教育的評論，坦白來說，以一個非教育出身的人來說，他的評論很有見地，他說：「未來的小孩應該要有智商、情商和愛商」，這方面我十分認同，讓我在這裏和大家分享多些吧。

創意自學的智商

在AI的世代裏，所謂智商（IQ），並不是成績爆燈，而是有創意，具跳出框框的想法。馬雲指出：「未來不是知識的競爭，而是創造力和想像力的競爭，是學習能力的競爭，是獨立思考的競爭。」

近年不少學校都爭相教授編程（coding），學生都忙着學習指令機器人，但試問在這批小孩中，有多少個將來會從事發明機器人或操作機器人的工作？我想不夠三成，所以編程只是其中一個方法，我們要教導孩子的，是多思考、具創意和敢於嘗試。

那家長可如何培養子女的創意？我建議多讓孩子接觸不同的事物，然後引導他們思考和發問，從而提升他們的學習興趣。創意自學，才是未來世界需要的智商。

面對困難的情商

現今生活環境較好，小朋友在父母的愛護下，往往情商（EQ）較低，他們怕失敗、愛依賴、不善表達情緒。那家長應如何提升他們的情商呢？

我覺得現在的小朋友很忙，生活壓力也很大，所以我們要體諒他們。有些家長為子女選擇讀happy school，沒錯，功課和考試的壓力較少，但將來到中學、大學及投身工作呢？難道永遠讓他們留在舒適區嗎？所以我們要教小朋友面對困難、失敗和壓力。

家長可怎樣做？答案十分簡單，便是多與他們傾談，然後鼓勵，再鼓勵。教導子女迎接失敗的同時，我們也要接受他們的失敗。「失敗乃成功之

母」這句話雖然老套，但確是抗逆和提升情商的座右銘。

感愛敢動的愛商

我覺得身處AI年代，愛商（LQ）是最重要的。馬雲說：「過去20年，人類如機器般工作，未來機器會變得更像人類。人類要有自信，因為機器只有芯片，但人類有心臟，有愛；機器有精度，但人類有溫度，所以人類是不會被取代的。」

1938年，哈佛大學選取了724名來自不同家庭背景的美國青少年，對他們的家庭、生活、工作進行追蹤研究。研究對象中，大部分都已經去世，餘下的60多位已經90多歲了，仍繼續參與研究。研究發現，那些愛商高的人會更健康，更長壽，活得最幸福。

愛商範圍很廣，指愛和被愛的能力，而愛商高的人，他們具同理心，會真心地愛他人和愛自己。

幾年前我編寫了一套小學德育教材，取名為「感愛敢動」，大家都以為我寫錯「感」字，但其實我的意思是：要「感」受愛，便要「敢」於行動，「敢」於幫助別人，所以我鼓勵家長帶小朋友去做義工。我校在疫情前，會安排學生留校派飯給鄰近的長者，因我深信服務他人的同時，我們也會感受到別人的愛。

馬雲說：「機器可以更聰明、更快速、更強壯，但機器永遠不會有價值觀、有夢想、有愛。」我深信每個小朋友都是獨一無二的，如何提升他們的智商、情商和愛商，那要家長和老師們多花時間，用愛心來澆灌培育。

原刊於2022年1月5日

作者簡介

馮文正，風采中學前校監。香港中文大學教育學士，1970年起入職為小學老師，任小學校長26年後退休。教育評議會1994年成立後，多年來出任副主席、執委。曾任教育委員會、教育統籌委員會、優質教育基金督導委員會委員，津貼小學議會主席。現任風采中學校董、津貼小學議會榮譽顧問、香港初等教育研究學會及小學教育領導學會執委。也曾擔任《信報》、《星島日報》專欄作者及教師中心刊物編委，寫作範疇包括教育政策、學校領導、小學與幼兒教育。

教育的基建：再談幼兒教育

美國總統拜登2021年3月底公布《美國就業計劃》方案，於未來8年內斥資2萬億美元振興經濟，包括修建基建設施，更形容為「世紀難逢」。本來這是拜登上任未夠百日的首項大計，但為何明言方案是應對與中國的全球競爭？拜登表示，基建方案是自二戰以來美國最大的就業投資，促進國家安全利益，並使國家處於有利地位，在未來數年和中國作全球競爭。

拜登相信，今次的基建方案有利美國往後50年發展，而且正是美國人勝利的開端[1]。一個剛上任的總統，在百年大計開始時的宣言，多次提及另一個國家的名字是罕見的，是抬舉中國？打擊中國？我看都不是，是利用中國。

拜登基建方案為何強調與中國競爭

這是美國統治者一向使用的計策，目的是向國人宣示誰是競爭對手，甚至是戰爭的對手。

60多年前，1957年10月4日，蘇聯發射了史潑尼克號（Sputnik），這是第一枚人造衛星，震驚全美民眾，開啟了太空競賽時代。它大約和一顆沙灘球一樣大小，這枚發出嗶嗶聲的小球足以嚇壞美國民眾。在史潑尼克號發射後，美國因害怕失去太空競賽，而有了提升科學和工程實力的動力。

美國政府挹注更多經費在科學方面，學校更加注重科學教育，從事科學和工程事業的人也愈來愈多。在讀美國教育史時知道，這是美國教育的第一次改革，美國政府很快就將國防建設與教育緊密地聯繫在一起，並於1958年頒布了《國防教育法》，確立了以培養高科技人才為目標的教學新體系。

30年來，香港大、中、小學的建設亦算差強人意，最不合格的可算是幼兒教育了。（shutterstock）

相信當年美國的國策文件，一定多次大聲疾呼要戰勝俄國。所以在今天，我們也要見怪不怪了。明白拜登其實是在利用中國，利用民眾的恐懼、怨氣去施行對自己國家有利、而會打擊別人的「美國優先」政策。他的施政本質與特朗普並無分別，甚或會過之。這我們要拭目以待。

基建歷來是國策的重中之重

說回基建，其實這是國策中的重中之重，讀書時代老師說過，國家在經濟最困難的時候，最要做的就是基建、築鐵路、建碼頭，借錢也要去做，因為物資、人才流通，好像人體血管內的血液，是滋養全身的最重要元素。有養分的血液流過全身，是起死回生關鍵，從歷史看，中國歷代都重視基建，如萬里長城，大運河等，是國家民族生存的根基。近十年，外國人稱中國為「基建狂魔」，是有道理的。

美國戰略與國際研究中心（Centre for Strategic and International Studies）中國問題專家希爾曼（Jonathan Hillman）說，中國在其他國家對基礎設施建設的投入比美國在其本土的投入還要多。部分是由其國內基礎設施支出所推動的中國長期以來的經濟繁榮，再加上對海外的基礎設施建設的投入，正幫助中國在國際上變得更具影響力。這也可能在中國對台灣和

從歷史看，中國歷代都重視基建，近年亦積極發展高鐵、碼頭、公路及水利等基建（Shutterstock）

其他有爭議的領土提出主張或推進其利益時，自身也變得更有信心。

學術研究和經濟學家們都表示，美國人在飛機、公路、鐵路上延誤所形成的損失小時數造成了數十億美元的生產力損失，針對20國集團所做的研究估計，中國的基礎設施支出佔國內生產總值的比例超出美國三倍以上[2]。

有趣的是這個「基建狂魔」，在拜登宣布追趕大計，資金仍未有着落之際，正繼續自己的百年大計「南水北調」工程（方案構想始於1952年），而根據2020年6月3日的報道：截至2020年6月3日，南水北調中綫一期工程已經安全輸水2000天，累計向北輸水300億立方米，已使沿綫6000萬人口受益。其中，北京中心城區供水安全系數由1提升至1.2，河北省淺層地下水水位由治理前的每年上升0.48米增加到0.74米[3]。根據資料，南水北調西綫還未動工，真的是百年工程啊！

香港幼兒教育基建工程亟待提升

回頭再看香港，香港的基建工程又如何？我以一個普通市民的目光去觀察，香港的交通配套算是不錯的了，至於房屋供應需要改善之處還多，也

是每年政府施政報告的重點環節。至於我個人最關心的教育基建，30年來，大、中、小學的建設，亦算差強人意。

最不合格的可算是幼兒教育了。直至幾年之前，政府仍把幼稚園及幼兒中心提供的教育服務稱為學前教育，學券制實行後，甚至15年免費教育施行後，全日的幼稚園班級的學費津貼仍是極不足夠的，低下階層的雙職家長負擔甚重，十分吃力。

另外，校舍及師資與所謂「優質幼稚園教育」這個招牌並不相符，甚至極為諷刺。近年師資培訓方面雖然有較大的改善，但對資深幼師的職業及薪酬保障仍極不足。而校舍的空間狹小，設備簡陋的幼稚園，比比皆是，並不符合兒童身心發展及活動所需。

中國的智慧是：三歲定八十，更多的父母希望贏在起跑綫，房屋建在沙土上，結果會如何？幼兒教育是基礎的基礎，基建的基建，教育的百年大計，為政者怎樣看？

註1有關報道見2021年4月1日《經濟日報》
註2見2021年4月6日經濟縱橫D.W. COM
註3見6月4日央視新聞

原刊於2021年6月3日

作者簡介

鄒秉恩，和富慈善基金李宗德小學前校長、中國教育學會會員、教育人員專業操守議會成員、價值觀教育常務委員會委員、香港教育行政學會院士、教育評議會教育基金有限公司主席；於2010年取得第8屆香港海華師鐸獎、2016年獲頒發行政長官社區服務獎狀及於2021年獲香港特別行政區頒授榮譽勳章。曾任教育評議會主席、第十一屆教育人員專業操守議會主席、聖公會中央教育委員會委員、香港學界體育議會董事局總司庫、香港學界體育議會財務委員會主席、九龍城區校長聯絡委員會主席、九龍城區公益少年團執行委員會主席等；曾於聖公會聖米迦勒小學、聖公會基心小學、聖匠中學、公理高中書院擔任校長及於前香港教育學院擔任講師兼高級課程發展主任。

借助武俠小説「俠客」的概念，重塑人文素養與社會價值觀？

有人説，1954年直到1979年是武俠小説創作最輝煌的時期，在新派武俠小説作者當中，則以金庸、古龍和梁羽生的作品最受讀者歡迎。而金庸武俠小説更被奉為經典，受到各地華語讀者喜愛。有人甚至認為，金庸應該憑武俠小説拿諾貝爾文學獎，以表彰他對中國現代文學的貢獻。

亦有人認為：「有華人的地方，就有金庸的武俠」，因為當大家在異地與任何華人相見，若論到什麼「武俠」、「江湖」和「武林」等相關名詞，都可以成為聯繫大家的共同語言。為什麼金庸的武俠小説能夠瘋魔好幾個世代的人，原因何在？影響着些什麼？有多深遠？

沉醉金庸小説　嚮往成為武俠

相信當有人讀出類似七言，又不似古詩的「飛雪連天射白鹿，笑書神俠倚碧鴛」這14個大字時，金庸小説迷定當可以把歷年來，金庸先生曾寫過的所有武俠小説名稱，如數家珍地背誦出來，甚至將每一本小説中的代表人物和故事內容等逐一描述，最喜歡誰、不喜歡誰都可以談過痛快。

小時候，筆者最愛拜讀金庸先生的武俠小説，真的是百看不厭！中學時期，同學們每天早上例必輪流購買當天的報紙，為的是要爭先閱讀當日在副刊中連載刊登的金庸小説，由《天龍八部》、《連城訣》、《俠客行》、《笑傲江湖》到《鹿鼎記》等。連載小説的特色就是吸引讀者每天不停追看，讓人猶如着魔一樣！

金庸迷們往往十分熟悉書中的所有人物，有空當會聚在一起談天論劍，每人

都好像覺得自己就是小說中某位武功高強的絕世高手，擁有滿腔熱血與俠義心腸，帶着濟急扶危的使命，路見不平便拔刀相助！可能有人會嚮往郭靖的光明磊落，有人會欣賞黃蓉的聰明黠慧，有人會同情楊過的偏執與固守，有人則對古墓派小龍女的冰清玉潔，展示仰慕之情；有的讀者則憎惡西毒歐陽鋒的陰險狠辣，對偽善君子岳不群感到唾棄，佩服令狐沖的風流瀟灑，崇拜丐幫幫主喬峰的義薄雲天等等，沉醉於上述角色當中！

武俠精神　行俠仗義

金庸的武俠小說可說是帶動了中國傳統，包括具有歷史和文化特色的次文化。它影響着全世界中華人民的文化品味，亦因此令到每一個金庸書迷對「武俠」一詞特別嚮往。翻查所悉，「武俠」一詞乃包含「武」與「俠」這兩個主要概念，同樣建立於價值觀念的基礎上。

按嶺南大學鄺龑子教授於嚴家炎主編（2019）的《懷念金庸專集》內所寫的〈傳奇與歷史──金庸武俠小說的藝術張力〉一文所指，「武俠」二字其實是以「俠」為重心，「俠」的核心在於行俠仗義，為所應為，儆惡懲奸，扶危匡正，甚至捨己救人。反之過於着重「武」的概念，可能不是俠者之應為，「因為用武作惡，只屬歹徒……『止戈為武』正是武的目標之一。」（頁268）

另張紀中先生（2019，註）亦就「武俠」二字，作了以下的補充，他認為「俠客」不是高大全的存在，不是不食人間煙火的神化英雄，俠客也有俠骨柔腸，是恩怨分明，心胸豁達。「……武俠刻寫了中國人的血性與豪情，正義與信念，仁愛與不羈，真誠與瀟灑，浪漫主義情懷與英雄主義精神……武俠凝聚了中國文化的意蘊與哲理，哲思與智慧……英雄也不是殺戮，不是佔領，不是征服，英雄是與我們一樣的平民百姓，『英雄是一種情懷』。」

教導下一代　勇於向惡說不

最令筆者有同感的是，既然人人都可以做英雄，生於平民百姓家的我們，怎樣可以展示這種真俠客的英雄氣概？有權勢的人欺壓軟弱無助者的行為，是俠客的所為嗎？俄羅斯入侵烏克蘭的行為是正義之師嗎？您會樂意接近哪種性格的人呢？作為教育工作者，我們十分重視什麼是真理，什麼是正義。雖然我們都不是能「止戈為武」，反而我們可做的是教導我們的下一代具有俠義之風，認識真理，勇於向那些惡者說不！

「飛雪連天射白鹿，笑書神俠倚碧鴛」代表了金庸一生的作品，不少金庸迷均沉迷小説中某位武功高強的絕世高手。（亞新社）

其實所謂有俠客或俠士的出現，要他們仗義替天行道或「止戈為武」，通常都是因為有為政者或政府執法人員，未有好好做好管治本份和履行應有之責，而導致民怨四起。近年，香港亦有出現類似現象，不計算已存在的個別貪污、濫權、騙房津、偽造文件、呃假期、公然違法和濫用公帑的犯事官員外，更有甚者，上述現象在其他公私營的機構或不同行業中都普遍存在！

新任特首　須重建有序社會

據報，截至4月初已有27名公務員及政府僱員因不符「疫苗通行證」要求而缺勤，其中5人已離職，部分個案正進行紀律處分！行政會議成員、保安局前局長葉劉淑儀3月15日亦於報章撰文表示，香港公務員制度和風氣已過時，他們過分注重薪酬、福利和升職，「少做多得」的心態最要不得，亟需重整風氣及改善。

筆者在教育人員專業操守議會服務多年，也見盡不少失德教師的違規案例，有教育人員嚴重行政不當，有教師教學嚴重失誤，有者行為極度偏差被投訴，也有人更懷疑精心計劃濫用病假、工傷假去欺騙公帑等。此風不可長啊！

請問各位正義的廣大市民，難道我們真的要借助古代的俠客方法，去替我們執行公義、撥亂反正嗎？抑或政府趁新特首換屆，重組班子後進行嚴肅的整頓，還我們一個安全、廉潔、着重民生、自由有序、有法可依、可信賴而有效管治的社會？

註：張紀中先生在向金庸先生致敬時，也寫下他對金庸先生的懷念，全文請參閱《不朽的金庸》。

原刊於2022年5月5日

如果學校都有躺平之風

近年有許多人當談論到今天年輕人的普遍價值觀、心態和行為表現時，不期然會想起用「躺平」或「躺平主義」這些名詞去形容。究竟躺平和躺平主義所指的是什麼？據報道，那是由2021年開始在中國內地網路上流行起來的述語。

內地封殺相關言論

當時的部分90後和00後年輕人有感於國內經濟下滑、社會階層固定導致階層流動困難、社會問題激化等背景下，出於對現實環境失望，而決定「不買房、不買車、不談戀愛、不結婚、不生娃、低水平消費」，並做出以「與其跟隨社會期望堅持奮鬥，不如選擇『躺平』，無欲無求」的處事態度。因此，他們選擇躺平，只關心自己、只維持生存最低標準並拒絕成為他人賺錢的機器。

不過有關主義推出後不久，已被黨中央視為對國家穩定的威脅，因為它鼓吹人們不積極生產或勞動，好逸惡勞，對人、對任何事物、對家庭、對生活和工作都產生厭倦感、疲倦感，所以極欲封殺相關言論；官媒《南方日報》更直指躺平是「可恥」的，不利國家經濟發展；淘寶等網購平台甚至也把所有「躺平」字樣的商品下架。

至於香港方面，教育局亦就香港青少年可能會習染躺平文化，特別在《局中人語》專頁上寫下局長楊潤雄的心聲。他認為：「近年社會出現種種歪風，例如沉迷網絡遊戲、在互聯網散播虛假、誤導和煽動仇恨的信息、不良的性

資訊和引誘，令一些青年人受影響而耽於逸樂、誤信失實資訊而走歪路、對前景失去信心......近來出現的『躺平主義』更是令人憂慮，這種消極的人生心態，容易令人萎靡不振，長遠會窒礙社會的進步。我們必須對症下藥，同心協力加強價值觀教育，扶持學生建立正向思維。」

面對躺平如何自處

試想，如果「躺平主義」風氣真的在香港年輕人之間蔓延，不知各位讀者會有什麼估計呢？不如我們一起預測一下，舉個例，學校的師生將會變成怎樣？

如果筆者是躺平的學生，我會假設：

- 學生們更看重自己的需要，喜歡老師的讚賞和同學的欣賞。
- 上課時間最好不要太擠迫，容許學生遲到早退便好。
- 期望老師不要太拼搏，請給我們空間。
- 我每天都不要令到自己太辛苦，一定要有午睡時間！
- 我不會和同學攀比，把期望放低一點，自己滿足便夠。
- 我會看心情做事，不用凡事要爭取100分！
- 不理會父母或老師的要求，只愛做個安心的自己。
- 視乎老師問題的難易，懂得的便回應，不懂的也不去追問。
- 我和同伴都會變成不加思索，難度深淺的問題都不會回應。
- 我會把網課的鏡頭關上，就算開啟了鏡頭，老師也看不見我的面貌。
- 我會接受現實，取易不取難；成績好壞不會緊張，得過且過便算。
- 我把名利看都輕鬆，安於現狀和滿意自己便好！

如果筆者是躺平的老師，我會選擇：

- 重新評估自己的專業取向，重新定位。
- 我會問自己為什麼要做「人之患」，辛苦何價？究竟我為誰服務？
- 多為自己健康打算，自己身體一定要好，工作不忘娛樂和休息。
- 不要996，我要善用和自動調節自己的工作與作息時間！
- 多點愛惜自己，不勉強，也不會過度操勞，身體稍有不適便會請假休息。

- 要求學校多給予空間，放寬對同事的監管。

- 和人保持距離，但也會保持關係。

- 放慢腳步，也不進修，若升級等如「加辛」，寧願不申請！

- 請校長提供多點福利和尊重我們的意見，否則我寧可洗手不幹。

- 自己揀選合作的夥伴和形式，不會比拼。

- 避免整天為追趕進度或工作業績而延長工作時間，若受壓迫便辭職！

- 是遲婚一族，沒有經濟基礎不考慮結婚；就算結婚，也不會立即生孩子。

讀者們，請問大家閱讀了上述的假設之後，您們會有什麼感覺呢？擔心？不擔心？認同？不認同？或以平常心看待？若情況真的如此，您們會怎樣調整自己對新一代的期望呢？學校在家長、學生、老師以至社會人士的眼中，會否容許有上述的情況產生？面對社會這種躺平風氣，我們可以如何自處？學校又可以怎樣迎接這種新風？問題真的有趣，值得大家反思！

培育孩子健康成長

所以香港總結了不同國家的經驗，也參考了經濟合作暨發展組織（OECD）提出「教育2030：學習指南針」的建議，希望透過價值觀教育，以培育青少年具有正面的價值觀和態度，提高他們的抗逆、情緒管理、判斷、解難、溝通、社交和自我節制等能力，懂得愛惜生命、自尊自信，和培育有堅毅精神、同理心、自律和勇於承擔等素質。

因此在最新推出的《價值觀教育課程架構（試行版）》（課程發展議會，2021）中，把「勤勞」這個元素加入在原有的核心價值內容裏，以回應近年流行的「躺平」所帶來的歪風，如僥倖心態、懶惰、好逸惡勞、貪圖享受、不勞而獲、奢侈浪費等。

相信大家都會認同，學校是一個培育人才、春風化雨的地方，其焦點在於以學與教為學校的核心。要保護學生，必須整個社會總動員起來，在不同的範疇（例如家長教育、師資培訓、法律和管理制度等）共同持續努力，締造合適的社會環境，為培育孩子們健康成長，取得更大效果。

原刊於2022年3月16日

作者簡介

蔡國光，香港中文大學新亞書院歷史系畢業，香港中文大學研究院文科碩士。歷任教育評議會主席/副主席、教育評議會教育基金主席、香港特區選舉委員會委員、香港特區政府中央政策組（非全職）顧問、中學校長。現擔任教育評議會教育基金副主席，中學及小學校董等事務。

西貢農村昔日產業——燒灰與煮糖

走在新界東的西貢山徑，地勢多丘陵而臨海，河谷出海口沖積地，近海內灣較寬廣平緩盆地，耕種同時，可以捕魚及對外交通方便，如蠔涌、沙角尾、北港，自然出現人口較多的聚落。

明朝萬曆年間郭棐所著《粵大記》，附有〈廣東沿海圖〉。在該圖標有屬於今天西貢區的蠔涌村、沙角尾、榕樹澳、交塘村（即高塘）等的地名（無標示「西貢」一地）。

人口結構交替更迭

近代香港，包括新界，較大的人口變化，來自順治末年至康熙初年的東南沿海遷界與復界。復界後人口遷返，平原海灣先被利用；大批主要來自東江山區一帶，稍遲陸續而至的，較多是客家人，只能選擇較小的河涌出海內灣，或走上山頭開闢樹林耕地。

有人就有路，走在西貢山徑，往往踏足昔日村民堆疊的石磴步道而不覺，皆因年深日久，原來沿河谷就地取材，搬移坑澗石頭以疊砌的山徑，今天稱作古道，已與周遭山野環境渾然一體。

二次大戰之後，全球社會及經濟出現較大變化，香港進一步走向城市化，產業結構改變，農村人口明顯外移，如西貢的山地聚落或偏遠海灣村落，尤其明顯。

荒棄的有舊屋、豬圈，大面積的農田，河谷小水壩，以至耕牛等。20、30年時間，山坡梯田可以成為植物野蠻生長的叢林，何況不少村落舊屋荒棄已歷半世紀。

昔日農村，主要耕種稻米，種植雜糧是番薯、芋頭；養豬是必須，近海可以打魚，山上可以打獵，斬樹伐薪燒柴是日常生活。

靠山吃山，靠海吃海，自然經濟的年代，耕畜漁樵以外，農村還可以有其他生產。

灰窰產業盛極而衰

西貢半島環海，盛產貝類與珊瑚，採集蠔殼與珊瑚石，於內灣近海處搭砌磚石灰窰，即可燒灰生產。搭建碼頭，運入材料，輸出成品，即成生產與販銷流程。石灰用途，主要用於建築批盪，亦可用作修補船隻、黏砌屋牆、醃製生牛皮、煉糖，以及耕種殺菌除蟲害等。

香港地域，較早的灰窰遺址，有見於興建大埔區船灣淡水湖，拆遷環湖六鄉七村，其中於1985年橫嶺頭村發現唐代土灰窰八座。

19世紀至20世紀初，香港灰窰業發展極盛，其中以坪洲及青衣灰窰廠多而具規模，及二次大戰後，香港灰窰業漸次衰落。

西貢灰窰原來不少，至今遺留灰窰而納入政府維護的，有北潭涌上窰一座，海下灣兩座。其他灰窰，赤徑口近沙頭一座，起子灣一大一小共兩座，西貢海橋咀洲等仍可覓見。

西貢墟昔日有稱作涌尾篤一地，涌口避風塘已填海建成翠塘花園，附近如今仍有稱作灰窰里、灰窰下村的地名。此外，麥邊附近天后廟一地往昔亦稱作灰窰下，海邊仍可覓見遺置磚砌灰窰一座，皆屬曾經燒灰作業的紀錄。

種蔗煮糖開創求生

西貢另一農村昔日產業遺跡，是蔗糖業。明清以來，福建、廣東、台灣，種蔗煮糖產業盛行。其中絞糖石磨及牛力牽拉的繪圖見於明末宋應星《天工開物》的記載；石製絞磨搾蔗在香港約於18世紀末開始漸多，元朗、上水、西貢皆有種蔗煮糖，較具規模的，當數元朗坪山鄉山下村。

赤徑口仍可見灰窰（作者提供）

種蔗煮糖是西貢昔日農村產業，圖為大腦村的絞糖石磨。（作者提供）

西貢較為人知的絞糖石磨遺迹有大腦古道曾氏祠堂旁置有較完整一套（木構部分已難保存）。其他如大藍湖、茅坪新屋、西灣、赤徑、嶂上，如今仍可覓得殘缺石磨舊物。種蔗絞搾糖液，可作自用。蔗渣可作燃料、飼料，煮糖煉糖可作銷售販賣。

農民富户，或獨資、或合資，打製石磨可用，尚有餘資，加上煉糖技術，搭建糖寮，可作較有規模生產。據相關資料記載，西貢區曾設有糖寮糖廠煉糖的村落，有白沙澳、海下、山寮、大藍湖、大腦村、嶂上、井欄樹各有一間，北港坳有兩間，高糖有三間（註）。

走在西貢山徑，登高遠望，山嶺河谷，樹林黛翠紛陳，海灣白沙碧海連天。先民遠涉而至，開田種地，砍樹拾柴燒炭，取貝燒灰，種蔗煮糖，以至植藍染蔴，翻山擔挑販售，或海路航運，體現自食其力，辛勤儉樸，開創求生的精神。

隨着社會變遷，部分村民為求改善生計，先是隻身上路，或漂洋遠海，或出走城鎮，繼而舉家外移，甘於棄屋舍田地而另覓發展，充分傳承與展示創業打拚的勇志。

註：林國煇〈絞蔗與製糖一香港鄉村糖廠歷史尋縱〉，載於《鑪峰古今——香港歷史文化論集2020》

原刊於2022年4月28日

國際學校與本地學校，家長如何選擇？

本地學校體系，可分為公辦與私立兩大類。公辦的主要就是官立與政府資助或補助的學校，私立的有大小規模不一的學校及補習社，也包括政府提供資助的直資學校與非牟利幼稚園，以及國際學校。

本地學校，由幼稚園到小學到中學，實施15年免費教育。施行的課程，主要遵行香港課程發展議會所頒布各學科最新課程綱要的內容，中文、英文、數學是最主要的核心學科，並在小三、小六、中三、中六設有不同的公開評核；學生完成高中課程應考香港中學文憑試（HKDSE）。

至於入讀國際學校，其中一項現實考慮，就是需要繳交學費，大概每年10萬元至25萬元，個別學校需要購買（私人或公司）債券。

公辦學校與國際學校　課程評核皆不同

本地一般公辦學校，與國際學校，屬不同體系及類別，不宜簡單直接比較。

全港約70多所國際學校，不及整體中小學數目的一成，主要不是服務本地學生。教育部門容許國際學校收錄不多於30%的本地學生。基於國際學校相對本地學校多方面的差異性，部分國際學校學位近十數年來，因着本地整體社會富裕而受到追捧。

國際學校設立原意是收錄其在港工作的本國人員子女入讀，課程提供就是其本國課程為主，也方便其子女隨時可返回原籍國繼續升學。

一般較關注的是高中課程及升學考核，國際學校可簡單分為幾種，一為升讀英國體制，學校在第10至11班為學生安排應考IGCSE（國際中學教育普通證書），隨後在12至13班安排應考GCE A-Level（普通教育高級程度證書）；二為預備升學美加的體制，修讀 AP（Advanced Placement，美國大學先修課程）之類；以及國際升學體制的IBDP（國際文憑大學預科課程，International Baccalaureate Diploma Program）。

國際學校的課程學位及教學模式

其中可以同校或異校混流，如應考IGCSE的，之後修讀應考IBDP或BTEC（Business & Technology Education Council）等。也有主要提供中學文

憑課程的直資學校亦同時提供少量的IBDP課程學位，或私立學校高中同級同時提供IB及GCEAL課程供學生選讀。學生亦可以IGCSE成績報讀美國的（兩年制）社區學院，結業後升讀美國大學三年級。

國際學校，整體學生可以來自20、30個不同國籍，教師國籍也混雜，文化融合與思想包容自有其特色，全英語教學與全英語環境亦是其主要特色。基本層次的英語學習，如文法與生字，不以考核、默書模式操練，而是透過日常的溝通與交往習得。

舉個例子，以拼寫為例，國際學校教師鼓勵學生使用分辨語音認知拼寫單字，而不是通過死記硬背來學習。早期的拼寫過程常會出現錯誤，但孩童聽力靈敏，寫出來在語音上已很接近，教師稍加提示或鼓勵即可完成。這教學法在本地課程的學校或有不同，答題寫字，只有對或錯，即使接近的答題或字詞，一般可能只落得「X」，或零分或扣分。

至於教師，即使是全英語教學的一般本地英文中學，以至英文科教師，由於非以英語為母語，在語音上的掌握可能打了折扣，學生一般缺乏以語音為依據學習字詞的環境。但在中文的學習與溝通，本地學校自有其必然優勢。至於普通話的學習，則不能一概而論。

國際學校的教學模式較多能以學生為中心，比較重視以探究式、發現式、體驗式的學習。教師偏向發揮教學的設計與促進者，不以趕進度、灌資料、核答案為教學目的。

國際學校的學生在高中階段，因應公開試評核，也出現考試與升學的壓力。至於小學至初中階段，一般不以分數、名次、升留級、爭取入讀精英班等外在手段驅動學生學習。家長宜關注學生的個性特質、自主學習、創意思維，以至較勇於表達與嘗試的潛質與態度，可以因應學校文化與教學模式而有不同的呈現。

家長亦可關注學校是否依賴較多的測考評核作為學生學習的主要目標，一旦教學受制於追趕學習內容及進度，可能引致缺乏足夠空間引導學生閱讀、討論、表達。

IBDP課程特色

以下分享近年較受關注的 IBDP課程其中特色，看國際課程的不同實踐。

IBDP課程由3個必修核心科目和6個不同學科組別構成。

學生從6個學科組別內各選修其中一個學科，每學科的評核最高分數是7分，總分42分。3個必修核心科目，分別是創造力、行動和服務（creativity, activity, service）、知識論文（theory of knowledge），以及擴展論文（extended essay）。知識論文和擴展論文合共3分，加上6個學科的42分，IBDP的滿分是45分。而創造力、行動和服務不計分數，但必須及格才獲發IB文憑。

以上可作對應本地官津學校新高中文憑課程的是原通識教育科的獨立專題研究，現況是學科撤換，以及取消專題研究。至於新高中的「其他學習經歷」與「學生學習檔案」，只屬校內層次的操作，與公開試的DSE並無關連。

IBDP學科課程有另外三項特色。其一是6個學科組別須各選其一，其中有科學學科範疇及個人與社會學科範疇，因此學生必須文理兼修。而每個學科又提供標準程度與高水平程度，學生在其中至少3至4個學科須報考高水平程度，這符合不同學生因應不同學科各有學習表現差異的多樣化組合選擇。此外，各個學科皆設有內部評核（類同校本評核），內部評核分數不影響外部評核（類同公開試）成績，但亦必須及格才獲發IB文憑。

在國際學校學得輕鬆，這是一般的看法。或者在小學階段會是。國際學校課堂教學過程學生參與度及互動性較高，課堂外鼓勵學生參與體藝文化、服務等活動，表面形象是多動多玩，其實都是切實的成長與學習經歷。至於高中階段IBDP課程內容的深度、廣度與考核的要求，比DSE不遑多讓。

最後談談升學，文憑試（DSE）本地考生透過大學聯招可升讀本地資助學士學位，非文憑試的本地考生，可以IBDP或GCEAL等成績，透過大學非聯招升讀本地資助學士學位。至於升學外地，DSE與IBDP成績皆廣受外地大學承認，而DSE更可免試申請升讀內地大學。

學校文化、教與學的資源及策略、考核執行、教師工作條件與表現、學生朋輩、家長背景等，國際學校與公營學校各有不同；因為多方面的不同，學生表現自然各有分別。即使在同一體系的不同學校，以至同一辦團轄下不同分校，學校文化、教學理念與表現，亦可以各有不同，家長如何選擇，充分搜集資訊免不了。

原刊於2021年11月11日

作者簡介

周慧儀，學習友坊教育顧問總監，廣泛閱讀生命教育專家，《知識雜誌》和灼見名家教育專欄作家，5本結集書《校長也上課》作者，教育文章刊登於《大公報》、《明報》、《經濟日報》、《教育現場》、《文路》和《教師中心傳真》。曾擔任香港教育大學宗教教育與心靈教育中心項目經理、語文資優教育講師和中學中文科主任。曾應邀參與香港課程及考評改革小組會議，並與香港大學協辦閱讀教育研討會，擔任國內城際和本港校際閱讀、寫作、講故事比賽評委，深圳年度十大童書評審作香港區代表。公職包括香港兒童基金會名譽顧問，教育評議會執委，香港中文大學校友校長會成員。誠邀各界交流合作、共創教育。joeychow317@gmail.com

生命教育四步曲 · 活出生命的意義

孩子們，你們去了哪兒？在那裏，你們過得怎樣？在這裏，我們沒有一天不想你們。親愛的，親愛的，親愛的，孩子們，若可重新選擇，求求你們不要離去，懇請你們回到這裏。

何謂「生命」？何謂「生命教育」？

生命，本身獨特而寶貴，生命本身價值非凡。自嬰兒哇哇大哭來到人間的那一瞬間，便是一個活生生、可愛生命的開始，亦是人生的正式開始。

在生命教育中，可分為「天人物我」四種基本關係（這個框架由林志平等學者整理），即人與天、人與人、人與物、人與己，此框架提倡以人為中心，協助人們理順這四種基本關係，並取得平衡發展，從而做到愛己、愛人、愛物、愛天。

因本文篇幅有限，所以只就能「天人物我」中的「我」，這最基本的「人與己」之間的關係來說說「生命教育」中的一個關係向度。人與己，意思是指：人與其自身的關係，亦即「我與自身」的關係。

看看現今全球各個社會，有不少人對其自身的生命，出現了嚴重的認知錯誤，他們面對困難或挫折時常常容易不堪一擊，看不見出路，看不見光明遠景，以致出現漠視生命和踐踏生命的殘酷現象。所以現在正是時候重新審視和應用「生命教育」的最好時機！

生命教育四步曲

第一步：認識生命

生命教育的第一步應該從認識生命開始，從認識生老病死開始。生老病死是

人生必經階段，順其自然才是好的。我們要學懂接納：人，生病有時，健康有時；順境有時，逆境有時；成功有時，失意有時；快樂有時，傷心有時。

為要「認識生命」，我們的首要任務是學習接納：接納變幻不定的人生，接納並非完美的自己、他人和社會。雖然人生多變，雖然人生不是事事如意，然而每個生命生而獨特和寶貴，所以，當我們明白到生命的本質和特徵後，何不嘗試開放心懷去學習接納、去學習愛？

第二步：欣賞生命

生命教育的第二步是學習欣賞生命。生活變化萬千，我們不妨多以閒心閒情去感受生活中的美好，如投入大自然懷抱、欣賞藝術作品、與人交談、體驗愛的感覺等。

筆者喜歡用心眼去欣賞自身所處之地，享受當下令人歡暢的環境，我喜歡抬頭仰望明月繁星，亦喜歡靜聽浪濤鳥語，更喜歡細聞花香果味，有時伸展身體做運動，有時品嚐美食佳餚或青菜白飯，有時與家人談話家常或遊玩四方，又或跟良師益友把酒談歡，品茶析畫，訴說心事。

生命為何？其實，只要我們盡情善用全身五感來體驗生活的奇趣與寫意，便可欣賞到生命的美好，並從中發現生命的意義。

第三步：尊重生命

生命教育的第三步是學習尊重生命。人人平等，尊重人、己在人生旅途上曾付出的努力與貢獻，或多或少，或偉大或平凡，都應尊重和欣賞。人人各有本事，皆因人的天賦品性各異，深信人人皆可在其合適的舞台上各領風騷，皆可開展其燦爛閃亮的人生故事。

或許，途中會有險礙，或許，途中我們會感有孤單難過，但總要知道有困難實屬正常事，我們何不把困難作為上帝給予我們鍛練意志的家課，把障礙賽作為推動我們前進和成熟的人生必修課？緊記：沒有困難是不可克服的，方法總比困難多，我們要小心演繹生命，尊重生命，愛惜生命，作理智抉擇，對自己的行為負責。

第四步：探索生命

生命教育的第四步是學習探索生命。生命的意義在於真、善、美、智的追求，人要學懂作出情理法兼顧的價值判斷，止於至真、至善、至美、至智。

朋友，請把自己、自己的身心靈和日常生活，當作藝術品般來細緻雕琢，在製作獨創的生命藝術品時，你會像藝術家般自發地要求自己、訓練自己、解放自己、完善自己。

在要求自我不斷更新超越時，見證自己的生命如同藝術，發出光芒，令人驚喜。人如果能活出自己的生命風格，完成自我實現的願念理想，一定會感到幸福無比。

那麼，如何探索生命？可經由個人工作、興趣愛好、社區服務、與他人建立關係等活動，探索生命中的種種可能，當我們全情投入那些活動以實現個人的價值時，便等於正在創造自身的價值，這樣，我們將會源源不絕地發現生命中的多元意義。

逆風同行：友‧愛‧希望

縱然人生有灰暗困頓的時候，然而每個人也有自由的意志和自由的選擇權，有些人選擇倒下離場，有些人卻會選擇去認識生命、欣賞生命、尊重生命，以及探索生命。朋友，我們可以選擇活出生命力來，熱愛生命，擁抱挑戰！

朋友，請用心記下：人生充滿「友‧愛‧希望」！世上有很多人可以成為你的朋友，你的身邊有許多愛你的人！除了人，自然萬物其實也很愛你，請看看山林，柳暗花明又一村，請再看看天空，雨過之後又放晴了！

原刊於2011年11月10日

心靈教育——「心動‧心流」之旅

心動，可證明人仍存活；心動，更可證明人正在投入生活。要知道做一件事，人若是被動地或被迫地去做，是不能感受到趣味和興奮的。相反，人若是因其心動了才去做，則會感到快樂，甚至感到幸福滿足。

心靈，英譯"mind"、"soul"或"spirit"，可見心靈與身體（body）相對。心靈不僅是指精神，其實一切凡源於腦的層面，即由思維、知覺、情緒、意志、記憶和想像組成的理智和意識層面，也全是心靈的定義。

心靈教育是教育的核心，因為真正的教育不是教育頭腦，而是培育心靈。真正的人材培養，不是流水線的成品生產方式，而是以人本教育和全人教育為關切點的心靈教育。

心靈教育工作是一種委身志業，心靈教育工作者會樂於與學生和家長一起成長，一同學習。在過程當中，以人為本、全人關懷，生命影響生命，促進彼此心靈成長，希望透過讓學生掌握一些適切的學習經驗後，學生能好好地去思考，他們自己該怎樣活好人生，清楚知道自己的人生目的，從而豐富其生命的素質，並願意為社會貢獻心力。

人本關懷　愛的教育

著名積極心理學家米哈里•契克森（Mihaly Csikszentmihalyi）提出，使心流發生的活動有以下特徵：

有清楚明確的目標和實行規則；

人可全神貫注，心念集中投入；

給人不同程度的掌控力/主控感；及

人有高度的興奮及充實感。

那麼，怎樣才可讓人進入心流狀態，獲得最優的學習體驗？

人本教育和全人教育是心靈教育的具體表現形式。大致上，老師和家長可按孩子的心智成長和興趣，選出相關的教學內容和教學活動，以求有利孩子產生學習興趣，請緊記，心動，正是學習的起點！心動，才可讓人全情投入於心流之中！

人能否獲得可欲的改變？美善多了，聰明多了，成熟多了，有責任感和承擔精神了，學習能力和工作能力強了，凡此種種的可欲的改變，正正是心靈教育所結的香甜果子。

全情投入　成就美事

這世界上所有的美好，都源於專注。人若能專注地做一些有益的事情，就可以成就美事。

人可全神貫注，心念集中投入才能以最佳狀態學習。（Shutterstock）

然而，孩子宜專注什麼學習呢？在發展孩子各方面智能的同時，老師們和家長們何有留意到每一個孩子的某些智能是特別卓越的呢？語文言語（verbal/linguistic）？數理邏輯（logical/mathematical）？空間（visual/spatial）？肢體動覺（bodily/kinesthetic）？音樂（musical/rhythmic）？人際（inter-personal/social）？內省（intra-personal/introspective）？自然（naturalist）？

從歷史名人的生命故事中，哪幾位的生命故事讓你心動？心動，會讓您嘗試想想自己人生的努力方向。

獲諾貝爾文學獎的印度詩人泰戈爾曾説：「休息與工作的關係，正如眼瞼與眼睛的關係。」「世界以痛吻我，要我報之以歌。」

現代物理學家愛因斯坦説：「想像力比知識更重要。因為知識有限，而想像力無限，它包含了一切，推動着進步，是人類進化的源泉。」

現代建築大師貝聿銘説：「藝術和歷史才是建築的精髓。」「建築的目的是提升生活，而不僅僅是空間中被欣賞的物體而已。」

現代藝術大師畢卡索説 ：「我不畫我所看到的，我只畫我所知道的。」

國際著名華裔武術家李小龍説：「我從小就有一種天性，渴望成長、渴望拓展。我認為，一個有天分的人，有責任把自己的潛力充分挖掘出來。」

歐洲浪漫主義古典音樂作曲家貝多芬説：「愛是人生的合弦，而不是孤單的獨奏曲。」「我一定要把內心深處的東西釋放出來；這就是我作曲的原因。」

西方現代人際關係學大師卡耐基説：「重要的是交朋友的能力其實就是欣賞別人優點的能力.......與人溝通的訣竅就是：談論別人最為愉悦事情。」

法國哲學家、數學家、物理學家笛卡兒：「我思故我在。」（思考是唯一確定的存在。）

史上首次成功橫渡大西洋的冒險家哥倫布説：「就算是看似簡單的事情，一開始要去實行同樣也很困難。」

現時94歲的自然歷史學家愛登堡（David Frederick Attenborough）説：「在我看來，自然界是令人興奮的最大源頭，也是視覺美和啟發智力的最大源頭。自然界充滿寶貴資源，令生命富意義，有價值。」

結語

人的本質是會對這世界滿有好奇的，並總會希望自己能有所進步，生活能過得充實、愉快、幸福，甚至會渴望擁有成功的人生。

所以，教育工作者，尤其是心靈教育工作者，以及家長們，請多多關心孩子，協助他們明白他們自己的興趣和才華，讓他們主動地去尋找和開拓那些屬於他們的浩翰天地！

原刊於2021年5月18日

大膽發個小學夢

撰文：翁美茵（作者簡介見30頁）

第5波疫情爆發近兩個月後，感染人數漸似有回落，心底裏又記掛着學校何時能夠回復全校面授課，更期盼學生能盡快回復過往多姿多采的校園生活。就在這日思夜想的情況下……我參加了一個「大膽發個小學夢」的研討會……

今天，要優化小學教育可以有多個層面，當中包括資源運用、課程配套、教學方法及行政安排等等。因此，我們可以天馬行空的去發個小學夢，雖然或許與現實大相逕庭，但全日制的小學運作模式已經超過20年，在這20年世界一直在變，因此學界也是時候走出框框，探討更多的可能性。

1. 規限課時，只容許學生上午在學校學習傳統課程

全日制的意念原是好的，但在過往的實際運作卻令小學生疲於奔命。早上7時要離開家門，放學不參加課外活動也要3至4時才回到家中，他們絕大部分功課未做完，書未溫習好，而每天的活動時間亦仍是不足……

假如，學生學習的主要時間只是上午，然後下午可以由家長決定是否讓孩子在學校上非正規課程，那就可以因應學生的需要而作出個別調適。

2. 就近入學，可選中午回家吃飯

本港所謂的就近入學，實指是同一校網入學。可是現況卻是即使家長為子女選擇了同一校網最近的「樓下」學校，都有機會被派到同一校網的他校，學生每程校車有機會出現超過45分鐘，既花時又花錢！導致這種情況的因素有很多，當中包括人口分布、校舍分布及學校質素等問題。

問題雖多，但不一定不能解決。假如家長只要樂意為子女選擇最近住址的學校，孩子就能入學，這就可以讓孩子在午膳時選擇回家吃個午飯。試想，幾歲的孩子若能回家吃個住家午飯，總比帶着飯壺、訂午餐飯盒或家人送飯好得多。

3. 下午回校參加社區活動（小一至小三可在原校，小四至小六可選跨校）

至於下午的課程，可以由家長與學校決定，目的是以活動為主。由於香港小學普遍在附近範圍內都有幾所學校，因此當在就近入學的條件下，學校可以採取聯校安排模式進行跨校訓練。

例如可以讓高小學生在星期一於甲校進行聯校男子足球訓練、乙校就是排球訓練、丙校就是手球訓練、丁校就是音樂劇訓練等。凝聚各校力量，組成小區聯網，提供更優質、專門及多元化的訓練給學生。

4. 星期六、日，開放校園及圖書館供社區使用

香港不少校舍都是由政府興建，並位處政府用地，而當社區又缺乏就近的康樂設施時，可有考慮開放校園球場及圖書館予區內人士使用？這不但可以善用社區資源，更重要的是可以方便坊眾。社區其實就是我們生活的一部分，若能建立社區資源共享，同時可以從小建立學生的社區情懷。

5. 設立中小學生自修室

可有想過小學校舍普遍在下午5、6時後課室都是空無一人？其實亦可以開放予區內的中學生作為自修室的用途。香港不少學生居住在狹小的環境中，若中學生在放學回家吃個晚飯後，可以到居所附近的學校課室專心溫習，對他們來說，可是天大的喜訊！

6. 每所學校配合一間青少年中心

一般學校所提供的是正規的教育，但政府每年撥款維持一所校舍的營運卻費用不少，若能善用校舍幫助學生將有利眾民。

學校可以考慮規劃專用地方供社福機構作為青少年中心的行政基地，這有助學校、社工與青少年中心一併發揮協同關係，在照顧學生之餘提供社會服務。一併規劃下午活動、晚上自修室服務及星期六、日的社區使用安排，供校內外學生使用。

要實踐上述構思，並不一定沒有可能，但現實要協調的問題是極多及繁複，包括了場地安全、保安、清潔問題及政府不同部門的協調安排等。然而，若能從宏觀角度作出構思，然後再從小處統籌規劃，再慎思問題及解決方法，這未必是不可實現的情況。

「鈴！鈴！鈴！」

噢，7時！原來是每天早上的響鬧。仍在特別假期的我，睡醒了。只願學生能盡快回復過往多姿多采的校園生活，做個身心能均衡發展，對社區有情感的好學生。

原刊於2022年4月8日

40年從頭再看教師專業

撰文：黃冬柏（作者簡介見24頁）

在過去十多年，特區政府每年投入基礎教育的資源未必追得上鄰近地區或先進體系，但並非不足夠；至少歷年都有所提升和站穩政府開支四分之一的比率。但社會普遍對教育素質、近年對教師素質，都充斥着不滿，那些指責遍及教師教學態度和教材編排、個別教師言行守法表現，甚至涉及教學人員的專業表現和態度。

上世紀70年代中期起，中小學基礎教育範疇經歷急劇擴張，到了特區成立時應該已完成「量」的建構，轉移到提升「質」方面。為何此時此刻針對教育的議題竟然是教師專業方面呢？

顧問團建議不少已落實

筆者曾撰文提及40年前，國際顧問團報告書內已把改善師資列為優先項目。有關章節共46節，所提建議可算得上包羅萬有。認真對照一下更可發現，有超過四分之三在往後的日子中已陸續登場，部分政策實行至今。

不過，正如報告首段所言：「不可以期望所有教師都具備一流的素質，但這卻是應追求的目標」。鑑於當年港英政府要處理的以數量行先，時至今日絕對是要追求素質了，提升師資和在專業上求進步是永不過時。

報告上有這樣的一句：「削減每班學生人數，有許多潛在的好處」，其中一個好處是令到教師可以發揮出更大的效能。可惜，迄今特區制訂政策時對減少每班人數仍未持肯定的態度，因而讓實施小班教學的機遇一次又一次地溜走。另一方面教師團隊對怎樣善用小班優勢也不在意，在在突顯出顧問團特別撥出章節以「教師組織」為題進行闡釋，確是有先見之明。

改善師資及專業的時代要求

隨着社會發展和世界潮流，教師學位化在上世紀末已有很大的訴求；早前政府推行教師全面學位化和最近立法會通過調整小學校長和管理層的薪酬架構，正是時代進步的新要求。但這不能保證教師素質必然提升，因為教學技能日新月

異，加上科技器材的改進，教師在職培訓的需求必須加以重視。

40年前的報告書內花了不少篇幅於「在職進修」上。事實上，自20多年前起，教學人員在職進修早已蔚然成風，但制度上似未能配合到。供教師「在職兼讀」學位後教育專業文憑課程（PGDE）的名額似乎不足夠，令不少新入職教師報讀時望門興歎。即使被取錄入讀，基於校園工作模式，新入職老師進修時都應付得很不容易；其次較資深的教師欲想再上一層樓，也必須參與一定時數的晉升課程，都是面對相同的困局。

假如制度上能加以配合，例如為未持有教育文憑的新入職教師設定新的職級，薪酬和工作量下調約半但綑綁必須兼讀教育文憑課程，會否是好呢？當然大學要提供足量名額和學校僱主要確保他們出外上課。如報告書內提及考慮為有一定年資的教師提供半個學年的進修假期，也有助解困。時代不斷向前發展，教師亦要終身進修；同時政策上要有可行的配套策略。

《基本法》和國安教育培訓要有配套

最近出了新的要求，教師需要完成《基本法》測試和接受國安教育的培訓，但推行過程中在業界內外都引起一些聲音，但不能把這要求判斷為不合理。

重讀顧問團報告書時可見，其中無就香港回歸祖國後怎樣提升教師在「為國家培育新一代」的使命、概念、技巧等方面提出建議，當中原因，毋須探究。其實，特區成立之初，沒有及時在這方面制訂合宜的策略，可算是個缺失，目前要做的也只算是亡羊補牢。

教學技能日新月異，加上科技器材的改進，教師在職培訓的需求必須加以重視。（Shutterstock）

然而，上段提及要提供空間讓老師參加「打補針式」的培訓，也是必要之策。

最後想特別指出40年前，已建議成立地區性教師中心作為發展教師和教學研究的組織，雖然香港曾成立過教師中心，但已在2021年停止營運。再者，今年連在1995年倡議成立的教育人員專業操守議會都停止運作了！筆者認為這兩起停運決定，絕對是對以「教師組織」為題的第8章的一個諷刺。

原刊於2022年6月8日

跟着占士邦睇世界形勢

撰文：黃冬柏

占士邦（James Bond）是個虛構人物，原是作家筆下英國秘密情報組織的
特務。後來影視化變成一個風行全球電影系列的主角。他的代號是007，自
從系列的第一部Dr. No 於1962年在港公映時片名被譯為《鐵金剛勇破神秘
島》後，他也多了一個中文外號「鐵金剛」，直至最近才給摘掉。

回顧「鐵金剛」電影系列

筆者這一代人，幾乎是與鐵金剛電影同步成長，青少年時代起幾乎每部鐵
金剛電影都有捧場。

早期007電影被分類為不雅、有色情成分，所以學校對電影持有負評。隨着
社會日趨開放，到了80年代，鐵金剛故事的英文簡寫版小書竟被納為課外
閱讀圖書。

事實上，早期的占士邦被刻劃成一個風流倜儻的小白臉，廣受女性青睞；
每每在執行任務、完成工作後都攬女入懷，甚至共赴巫山。製作方這種物
化女性、帶着歧視的心態確是意識不良。當年在西方世界或會接受這個定
型，時至今日早已政治不正確，踏入新世紀後逐漸用其他賣點取代。

直至最近幾集，主角性格行為亦重塑得較為人性化、關懷身邊人與事；當
然電影故事亦加入更多柔性元素。正在上映的《007：生死有時》最令邦粉
揪心的當然是「生死」時刻，這正正反映電影善於捕捉觀眾的情感需要。
未知將來發展，至少這場戲已成為各大影話中不可或缺的焦點。

順帶一提，占士邦雖有「鐵金剛」外號，意指他「打不死」；但60年代
作品《鐵金剛勇破火箭嶺》中他早已死過一次。電影讓亞洲一方觀眾發
燒起來，因有不少鏡頭是在東京取景。話說這系列樂於去世界不同地方拍
外景，成為一個賣點；例如泰國攀牙灣的占士邦島就是《鐵金剛大戰金槍
客》的外景地方，相信不少港人都曾在那兒留下足跡。

占士邦與國際形勢

雖然占士邦生性風流的行為兒童不宜，但當年入場睇戲，往往有機會從故

事劇情中惡補當時國際形勢的風雲變幻。

由於占士邦隸屬英國情報組織，自然為歐美北約賣命；所以片中歹角的形象往往都似在影射現實國際中非自由世界的領導人。60年代是冷戰氣氛最盛的時期，貌似史太林、卡斯特羅、金氏父子的對頭人首領角色，令人心領神會。

作為中學生在觀影後，增加了對國際政治時事的關注，當然影評亦成為導讀材料。那些年課室內基本上鮮談政治，況且港澳地方曾被視為自由世界的橋頭堡，老師不會無緣無故向學生分析形勢（那時未有通識科，學生考好試升大學看似是唯一目標）。因此間諜電影成為認識世界局勢的資料來源。

大概進入80年代後，鐵金剛處理的情報伸延到非洲、中亞、東歐等地方；都是配合世界形勢的顯性轉移。KGB早已隨着蘇聯解體而淡出，90年代後鐵金剛的劇情似乎偏重於高科技武器的情報，對手除買賣軍火外，亦染指毒品、藥物、空間科技設施等等。

世紀之交全球已處於單頭超級霸權的龐大軍事箝制之下，英國特務又怎可能把華盛頓視作對頭人呢？近10年占士邦要對付的，形象亦轉成朝鮮、南美，甚至阿拉伯世界的人，這是事出有因的安排。

睇鐵金剛了解世事幻變

一直以來筆者都覺得，借用身邊事物作為學科以外的學習是最為有效率，也是令學生印象較深刻的方法。

鐵金剛上映時坊間已有的宣傳，加上茶餘飯後的資訊，形成一個討論氛圍。就如新近的這套電影劇情中，值得討論的話題包括那個基因鎖定殺人的技術：是否可行？若有的話，世界安全將會變成怎樣？STEM潮流可會令錯用科技情況更為惡劣？電影中描述世界超級強國的特務行事手法，在現實中真的嗎？當然，老師需要蒐集新聞資訊作為佐證。

世事幻變無常，60年來片中出現過供占士邦用的科技器材，好些已進入日常生活；例如無人汽車，微型通訊器。借戲講教育，007會是個好幫手。

原刊於2021年10月18日

作者簡介

楊佩珊，教育博士(教育管理)、香港大學理學士(數學)，香港城市大學計算機科學碩士。早年主要執教電腦及數學科，並推動資訊科技發展及升學就業輔導等工作。現為仁濟醫院羅陳楚思中學校長。曾任知識產權處學習軟件管理委員及製作委員，聯校資訊科技學會司庫、教育局課程發展處中學電腦科教科書評審委員、優質教育基金計劃評審員、初中數學多元練習作者、《香港中學會考資訊科技科教材套件》作者及中學電腦科教科書作者。現為教育大學學校領導課程及擬任校長課程導師、學校領導課程同學會執委、教育評議會執委、優質教育基金計劃推廣及宣傳委員會委員。

疫後與雙減

世紀疫情轉眼間已超越兩年了，一浪接一浪，莘莘學子一年接一年生活在線上線下飄搖的學習着。觀乎現在疫情的進展，3年的疫情絕對不是夢話。3年對一個孩子而言，正是一個重要學習成長的階段。一個成長階段的缺失或不足，對一個孩子有多少的影響不用多說，一代孩子的成長缺失或不足，對整個社會的發展更不能輕看。

疫後復原工程

疫情總會有過去的一天，大家都期望明天會更好。疫情過後，我們應如何重新出發？先分別從學生學術及個人成長上探討，了解學生疫情後的需要。學術上，補回逝去的課時以應付公開試及升學等等，都看似存在一定的必須性。

學生個人成長上，半日課堂及網課下，孩子的群體生活大大減少，與人溝通相處及建立友誼的機會大受影響，朋輩是少年人成長一個很重要的夥伴，是我們成年人不能替代的。因着消失了的學校活動，孩子個人成長、自理和領導能力的培訓、視野的建立、師兄姊與學弟妹間的朋輩支援及成長文化傳承等，一一都成為他們成長中的一個缺失。

疫情後，學校傳統文化的傳承、學校日常運作模式的改變、師生生活節奏的重整，家長及社會在學生的成長及學術需要上心態的調整，也是一籃子要處理的事項。

總括而言，疫情後的復原工程絕不簡單，師生及學校都需要時間及空間。若一切要求都與疫情前一樣，哪來空間作復原（補救）的工作。在疫情中，公開試的考核獲得調節減省，疫情後減省之力更不容忽視。只單單調節減省公

開試的要求遠遠未能解決積下來差不多3年的學生成長斷層。這是需要整個社會及教育界集思廣益，共同努力。

雙減能幫上忙嗎？

2021年內地推行雙減政策，政策提出對於義務教育要壓減作業總量、時長，減輕過重作業負擔，提升學校課後服務水平，滿足學生多樣化需求，亦包括對義務教育階段學生的課外輔導實施新的限制，高中階段的課外輔導也納入其中，並要求所有的民營教培公司轉型，統一登記為非營利性機構。這都有助防止教育商業化，抗衡貴族及比較文化，有利改變社會的風氣及思想，而這些都是問題根之所在。

然而，雙減政策下的減量工作也只是核心外圍的工作而已。整體政策上不應只是管雙減，防催谷。反之，開闊空間、改變氛圍及教育心態才是核心內圍之所在。現在不論學校、學生及家長都有必須完成的考核任務。疫情下沒有了的課時、測考，學生在學術學習上的缺失有多少？若一切與疫情前相近，那我們便應思考，改變測考的容量和模式的可能性。

長遠而言，從各科目的內容量、整體教育考核的模式、分流教育推動等的改變作開始，開闊空間、改變氛圍及心態，都可能是一個出路。

內地雙減政策措施能否為新一代締造減壓減負，提升學校課後服務水平，且滿足學生多樣化需求，筆者還是寄以厚望，並拭目以待成果的展現，希望能成為我們的借鏡。香港教育問題根深柢固，同時它的影響也深微遠大，絕對不容忽視。有危便有機，有機便有變。何不趁此復原工程之機，來一個重整及反思。

原刊於2022年3月8日

疫情後學校及學生的復原工程，需要整個社會及教育界集思廣益，共同努力。（Shutterstock）

作者簡介

鄧兆鴻，退休小學校長。香港中文大學教育學士、碩士。1971年入職，1985年任校長至2005年退休。香港中文大學、香港浸會大學、香港教育大學兼任講師，教授課程包括：學校行政、課程發展及管理、擬任校長培訓課程、中層管理人員行政課程、訓導及輔導人員培訓課程等。研究興趣包括教師教育、學校行政及發展、學生輔導工作、素質保證等。教育評議會創會會員、執行委員；香港初等教育研究學會創會主席。曾任香港教育研究學會周年研討會籌備委員會委員、香港教育行政學會執行委員、香港資助小學校長會理事兼教育政策委員會主任、教育人員專業操守議會第五，六屆委員等。

疫情下的教育生態

新冠疫情至今已逾兩年，加上早前的社會運動，對青少年學生的影響甚大。這3年多的教育生態改變，影響了學生的整整一個學習階段（key stage）。

這3年的課程與過往有明顯的調整，學生的學習內容也有很大的刪減，教育界無法「追回」這3年教學上的落差，學生們也沒法騰出時間及空間來「追」回這段時間的課程。我們只能接受這3年多來在課程調適、教學策略改變、學生學習習慣與適應、多元及個人化學習……對教育界及社會的衝擊。

教育局的應變

疫情的衝擊下，教育局再三強調停課不停學，資訊科技教育卓越中心在教育局的網站上增添了「停課不停學」支援包，對學校在領導、課程安排、教學準備上提供一些建議。2019年開始以網上研討會分享不同學校的網上教學經驗，提供課堂內、外的教學處理策略及安排；提供網上遙距的支援服務，也分別以YouTube、WhatsApp、Twitter 等不同介面支援學校在網課教學上的需要。

教育局亦以「家長智Net」的電子通訊，支援家長在疫情下的親子學習及解決與孩子相處的困擾，也舉辦一些親子創作比賽，以加強疫情中親子互動的機會。優質教育基金及不同的社服機構提供弱勢社群的網課軟、硬件支援，讓有需要的家庭申請網課需用的平板電腦及流動數據。香港社會貧富懸殊，尚幸有需要時，援助還是能及時的。

社會的支援

學童在家，除了學校的基本學習，網上的支援也很多，如中國文化研究院（chiculture.org.hk）的「學界伙伴——攜手抗疫」學與教資源組合提供文化、文學、常識、德育、社會、國情等範疇的教學資源，可供使用。

由香港戰疫自學網（freeclassroom.online）超過70多位的前線教師準備的「三月百課」，從不同的層面，增強小學到初中同學課內、課外的知識及興趣。可供參考的還有中央電視台的《跟着書本去旅行》片集，從頌讀詩詞文章到網上遊覽詩詞提及的地方，讓學童加深對中國文化、歷史的認識。

其他如中大、教大，都有一些不同的網上資源，供教師、家長與學生作抗疫學習之用。

教師的困擾

學校是疫情中最忙碌的群組，從疫情之始的網課操作，到各科教學內容的選擇、刪減、計劃、安排、授課，都需要老師們不斷的學習、討論、決定、調整、調配、合作。教育局的上課安排有改變，學校便要按要求作出不同的適

疫情期間的網課操作，教師們需要不斷學習及適應。（Shutterstock）

應，聞説有些學校的應變策略有4套，因應着不同的改變推出不同的應變策略。

當中教師的困擾也多，對着螢幕教學，效果如何？學生需要個別照顧的，需要額外加課、補課？家中備課，還是回校工作？可有其他同工可互動、商量？為追趕進度或工作業績，每天工作的時間沒完沒了？如何兼顧家庭？在任何時刻，人都會面對壓力和挑戰，要相信自己有能力及信心面對挑戰，跨越各種難關。

學童的壓力

學生面對的是學習困難，根據中文大學的一項調查，學生於網上學習時面對的壓力及情緒焦慮狀況分別高達4.05分及4.15分（評分由1至5分，愈高分代表壓力及焦慮愈高）。最令學生擔心的是作業壓力及學習成績欠佳，他們對自學能力、對自己能否專注學習也有一定的擔憂。

學生對網上學習有一定的保留，他們期望能與同學見面及進行互動及交流，也期望老師能提供個別照顧及補課。成年人對兒童要有適當的關注，作他們的支援後盾。

家長的無奈

家長面對工作的逼迫，也要面對孩子在家學習的困擾，從前多關注的是孩子放學後的作業跟進，疫情下要一邊工作一邊留意着孩子的網課學習，若家長還在追趕子女的學業和功課進度，則親子關係會每下愈況，孩童面對的壓力倍增，後果不堪設想。

家長們在疫情中要學會與孩子相處，聆聽、關懷、容忍、接納、討論、分享、合作、互動……家長應是孩子的供應者、保護者、教導者和輔導者。除了放下自己各種困擾和壓力外，家長還要紓緩孩子因心理壓力而產生的各種情緒及行為問題，以維持良好的親子關係。學習是孩子的工作，要能培養他們的正向思維，便能培養出他們的信心和能力。

疫情下，每個人都在不斷的學習、調適，面對不斷改變的世界，只能不斷地學習、調動自我適應的能力。適者生存，才不會被洶湧的世途湮沒。

原刊於2022年3月28日

第5波疫情下的學與教

繼社會事件而來的是冠狀病毒的肆虐。香港自2020年初開始，學校持續停課、停止面授、網課、部分學生上課、部分時間上課、停了一切課外活動……疫情反覆，教育工作的運作，也隨着反覆地適應着。

疫情的初期，孩子們不用回校上課，也許會興奮一段時間，隨着疫情的持續，網課的單向溝通，半天對着電腦、平板、手機的屏幕，按時處理登入、上載家課……孩子與家長們都要邊做邊學。孩子家中上課，家長若是在家工作，親子的相處時間增加、互動增加，家長對孩子的學習情況相對地多了認識。

孩子的「學」

孩子學習若是積極，家長與孩子互動正向發展，對孩子的學習有必然的幫助；但若孩子在學習上不太積極，或孩子的學習模式與家長的期望有差距，親子間的磨擦便會增加，漸而形成不斷的衝突，嚴重影響親子關係，第4波期間，這正是虐兒的個案增長的主要因素。

在第4波疫情的網課學習經驗中，家長應知道學校教學的運作模式，也應加強與班主任及科任教師的聯繫，了解對學校/教師在孩子學習上的要求，從而更有效地協助解決孩子在網課學習上出現的問題。家校間的合作，應較疫情前有更多的默契，這有利於孩子的成長。

老師的「教」

學校在疫情反覆的驅使下，發展了不同的應變策略，學校優化了硬件設備以提供流暢的遙距教學，促進教師線上教學策略及課程處理的能力，教師間的合作也有一定程度的提升。教師線上教學以外，還要關顧學生的持續學習需要與個別學生的學習差異。

特別在學生的硬件設備、網絡連結、軟件使用上，若學生未能從家庭中取得支援，教師的特別照顧對學生的學習有明確的影響，教師加深對學生的認識，也贏得學生的信賴。

教師們須重新設計線上活動，家長的參與也必然在考慮之列。 （Shutterstock）

除了教學活動，學校原有的常規性活動未能正常地進行，教師們須重新設計，以線上活動模式推行，家長的參與也必然在考慮之列。這不但加深家長對學校恆常活動的了解，也讓家長明白學校在學生的品格及全人發展上的工作大概。

網課非長效學習模式

線上教學不能取代實體的課堂教學，學生的學習應包括人際關係、情感的學習及待人處事的基本態度。學習應有一個模仿的對象，當學習者與模仿對象建構了一定的聯繫時，學習者會關心模仿對象的想法而願意努力學習。

疫情改變了常規的學習環境，減弱了群體學習，限制了教師的影響力，削弱了學生在課堂上的參與及同儕間的互動，在孤單的個人環境中，專注力是對孩子的一種考驗，學習上的困難也未能得到適當的照顧，單一的遙距學習顯然不是有效的長期學習模式。

學與教的配合

學與教需要雙方積極配合才會產生有效的成果。教師應了解學生的學習需要，也要了解學生的學習能力及學習方法以設計教學內容及教學策略。學生也要為自己的學習負起責任，為什麼要學習？學習有什麼意義？自己的強項是什麼？如何利用這些強項？弱點又是什麼？如何強化自己，讓自己學得更好？

教師適時的回饋及讚賞是學生學習的推動力；學生如何維持及內化這些動力，以建構個人的學習動力，需要家長的理解及支援。能否因疫情的衝擊對學童的學習多一些了解與思維的改變，要看學校、教師、學生及家長的共識。

袁國勇教授2020年12月時警告，香港最快要到2021年底才有望給所有居民接種新冠病毒疫苗。「最大問題不是第4波，而是第5、第6、第7波。」至今疫苗接種仍未達標，面對第5波疫情，孩子們又再面對網課的挑戰，何時能恢復爭爭鬧鬧的課堂學習，要看疫情的反覆了。

原刊於2022年2月16日

作者簡介

鄭家寶，中華基督教會蒙黃花沃紀念小學校長、教育評議會副主席、三扶教育副主席、資助小學校長會理事。投身小學教育工作近20年，獲第五屆「卓越教育行政人員獎勵計劃」嘉許，亦曾獲香港教師中心教育研究獎及借調教育局課程發展處。對本港教育及課程發展趨勢，理論與實踐感興趣，亦積極推動生命教育，致力培養學生21世紀所需素養。

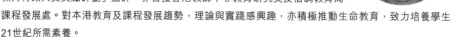

如果香港也「雙減」

「校長，學校也會減少功課嗎？」

「校長，一年級下學期還要考試嗎？」

筆者每天早上在學校門口迎接孩子，近日與家長們的對話也談起「雙減」來，似乎家長對此機制不僅歡迎，而是期待。可惜，在一國兩制下，香港暫未受惠於「雙減」。唯香港學習壓力之大不言而喻，望子成龍之心人皆有之，筆者開題「如果香港也『雙減』」，從香港教育現場說起。

「雙減」減什麼？ 家長是喜是憂？

國務院在2021年7月印發《關於進一步減輕義務教育階段學生作業負擔和校外培訓負擔的意見》，開宗明義一減校內作業量；二減校外培訓。呼應《中華人民共和國十四五規劃和2035遠景目標綱要》，建設高品質教育、追求教育品質與公平。

根據聯合國《兒童權利公約》規定兒童有受教育的權利，這一點香港確實做到了，但現實是貧富有別，筆者試從不同家長的角度思考。中產家長迷信「贏在起跑線」，總擔心孩子落後於人，希望孩子學多點、學深點，不斷催谷，希望子女可以獨佔鰲頭，成為領袖。

平民一點的父母，也理解知識可以改變命運，希望孩子讀好書，讓家庭的社會階層得到提升。擔心孩子追不上，自己節衣縮食，也讓孩子課後參與不同補習班，興趣班。

不能否認，多補就造成壓力，也某程度上壓抑了孩子的天賦才能。如果「雙減」減到香港來，家長可趁機多跟子女一起學習，發掘孩子其他方面的表現和發展。

再考慮雙職父母，每天為口奔馳，家中沒有傭人或者家中長者沒有能力幫

忙，放學後或假日就是靠補習社託管孩子。孩子在補習社做完功課，回家可以跟父母一起吃飯看電視，也許還有一點親子時間，也減少了父母逼迫孩子寫功課的衝突。萬一「雙減」來到香港，不許補習託管，這些家庭如何是好？

學校、家長加強溝通與體諒

香港中小學的課程文件由教育局課程發展議會一眾專家撰寫，過程中參考學者意見，按照兒童心理及智能發展需要，本來不是這樣「難」。由於家長在校外做了很多工夫，老師見學生識得多，在照顧不同學生學習需要的考慮下又多教點、教深點，結果變成惡性循環，苦了孩子。

作為教育工作者，筆者絕對同意照顧學生的學習需要和多樣性，前提是「自然的」，而非家庭背景造成的二次教育的不公平。

文件所見，「雙減」政策是進一步提升學校教育教學品質和服務水準，讓作業布置更加科學合理。如果「雙減」減到香港來，業界可視為提升專業之舉。

唯業界擔心是如果評估制度不改，還是用高考，用DSE，用紙筆評估決定升中……在小學一、二年級不許設有測考，到三年級一下子要參與紙筆評估，到時候孩子壓力之大，筆者不敢想像。另一擔心是孩子平庸化，就是你不測，我補考，結果孩子也不知道要學什麼，沒有了目標，抓不穩知識。

可是這個極端相信不會出現，因為家長會用腳投票，找一些能讓其子女有最大限度發揮的學校。學校領導也會擔心業績，會想盡辦法拔尖，這樣會否變成另一種壓力，暫是未知之數。

與其擔心／期盼政策上的「雙減」，不如先來個家庭和學校內的「雙加」。那就是家中加強溝通，學校加強調適與體諒。

俗語云：「十隻手指有長短」，教育工作者深明每個孩子的學習能力有異；如家中多於一個孩子，父母也應見到老大和老二有不同性格，老么又有不同才能。天父造人非工廠「倒模」，這才是孩子們獨特可愛之處，願與家長、業界同仁共勉。

原刊於2021年11月18日

作者簡介

余錦明，持有文、理、商、社會科學、教育學位及哲學博士，他以多元的形式服務香港、澳洲及新西蘭教育界。不時穿梭三地，於不同地方參與當地的教育服務。余博士現時為澳洲芬蘭教育機構執行董事，在澳洲致力推行幼兒教育及師資培訓工作，並安排不同亞洲地區的在職幼師到澳洲進行專業發展及行政管理工作交流。此外，余博士亦身兼新西蘭Auckland International College之學校發展職務，並透過多邊合作的方式在不同國家進行國際文憑課程組織（International Baccalaureate Organization）課程的實踐。

香港幼師投身澳洲幼兒教育界的可行途徑

筆者在澳洲營辦了十多個幼教園所，分布在悉尼、墨爾本、布里斯本及維多利亞州及新南威爾斯州的一些偏遠地區。教學人員方面，整個教職員團隊具有多元文化的色彩，教職員當中超過半數是在澳洲土生土長的本地居民，而另外接近半數的教職則是來自世界各地的移民。在這樣具有多元文化色彩的團隊裏，大家都能體現出互相尊重和共融的組織文化。

從不同途徑加入幼教行列

在筆者的教職名單中，大約有數十人是來自香港，她們投身幼教的途徑各有不同，大致上有以下幾個方式：

一、獨立技術移民：筆者的部分同事通過自身的學歷、工作經驗、年齡及英語程度等不同條件，累積到足夠的移民分數後便成功申請技術移民，她們在取得居留權的同時，亦投身幼兒教育的工作。在筆者的印象中，她們都是積極進取和先知先覺的一群年輕幼師，她們一方面努力工作積累寶貴的經驗，而另一方面又努力地透過參加英語及翻譯考試，努力地爭取更高的移民分數，希望盡快可以取得永久居民身份。

二、工作簽證類：筆者的機構有着為數不少的同事持有各類的工作簽證，她們當中有擔任校長或主任等職位的管理人員（統稱為childcare manager），她們雖不用通過極高門檻的英語技能關（只需具備IELTS大約6分），但卻有着繁重及嚴謹的工作要求，當中包括與政府及教育部門溝通；維繫家長與學校的關係；執行工事及財務管理工作；促進全人發展的幼教課程等。

三、非幼教管理人員亦可透過擔任幼兒教師（early childhood teacher）的職位及以僱主擔保的方式長期服務澳洲幼兒教育界。然而，這個過程的最大障礙是

極高的英文要求。基本上，香港幼師必須取得IELTS Academic Paper 的7.5分（聽和説要達8分，讀和寫要達到 7 分）或ISLPR考試，取得教師註冊，從而獲聘為幼兒教師。

除以上三個途徑外，筆者機構亦有不少同事成功地避過了IELTS Academic Paper 的7.5分要求，轉而以幼教組長（group leader）的職位取得工作簽證。這個簽證主要屬於偏遠地區工作簽證，簽證持有人必須於澳洲偏遠地區工作及生活數年才能取得長期居留權。

要成為合資格的幼教組長，香港幼師可以透過資歷認證取得等同澳洲幼教文憑的資歷，然後再申請技能評審（skill　assessment）成為合資格的幼教組長。要通過技能評審，申請人可修讀任何一門澳洲大專課程或通過英語評核便可。通過技能評審後，申請人須找到偏遠地區僱主擔保，便可申請工作簽證，而簽證要求則是IELTS 6分。

讀書是工作簽證以外的選擇

除工作簽證以外，修讀一項兩年制或以上的學術課程或職業技能課程亦是可行的選擇。然而，持有教師資歷的香港幼師不太適宜修讀澳洲幼教資歷。因為這樣的讀書方向有着太明顯的非求學動機，對申請學生簽證或會造成不良的影響。

因此，筆者還是建議香港幼師們不妨修讀非幼教類的教育碩士課程，尤其是特殊及融合教育等學科，這個科目既實用又有意思，應是一個不錯的選擇。至於工作方面，因碩士學生擁有兼職工作的權利，其配偶更可全職工作，而畢業後更可留澳洲5年累積工作經驗，最終亦大有可能取得居留權。

結論

大體而言，香港幼師投身幼兒教育界的方法主要分為工作及讀書兩種方式。年齡30歲或以下的年輕幼師或幼教畢業生更可透過工作假期做一至兩年的探索及體驗，再尋找最適合自己的方式亦未嘗不可。

原刊於2022年3月10日

在澳洲實踐芬蘭教育的三步曲

筆者在澳洲生活多年來一直從事幼兒教育相關工作，期間經一輪的思考和構想，最終於三年前下定決心，在澳洲推行芬蘭式幼兒教育，並開辦了多個幼教園所。筆者在辦學的過程中，經總結經驗後思考出三個不同的演進階段，希望能就此作出一些分享，以收拋磚引玉之效。

第一步曲：由優質教材作起點

筆者的教育機構有幸能獲得芬蘭赫爾辛基大學（University of Helsinki）相關的教育機構授權，在澳洲獨家經營幼兒教育中心（相當於香港的幼稚園）。透過一連串的教師培訓後，我們的老師可以獲得授權，使用一套啟發性教材（inspirational package）。該套啟發性教材由芬蘭教育專家設計，符合0-6歲兒童心智發展，內容包括音樂活動、視覺藝術、語言及肢體表達、語文活動、數學技能、文化教育、倫理教育，社交情意發展及體能發展等10個學習範疇。

總括而言，這套優質的教材配合系統的師資培訓，便成為了教學的起點。但是，這套啟發性教材並非一套教學程序手冊。我們的老師在培訓及教學實踐的過程皆領略到，這些啟發性教材應配合教師專業自主及學生發展需要的兩個重要因素，變成兒童為本的課程。

童年是一個讓孩子進行個別化學習和發展的窗戶，學習的速度一點也不重要。（作者提供）

第二步曲：開放課室以達到更大程度的學童為本教育

當教師能自如地基於學生需要、教學專業自主運用啟發性教材施行教學後，教師們便可向不同年齡和能力的學生開放課室，實踐混齡組別教育模式（mixed-age preschool groups）。這種教育模式主要是讓不同年齡和能力的學生自由地選擇到不同的課室上課，自由地選擇喜愛的學習活動。在教師層面來看，教師亦可為學生提供不同類型的習活動，充份發揮教學上的協同效應。

根據心理學家Peter Gray的研究，混齡組別教育模式對兒童發展帶來多方面的好處，包括培養兒童的主動性及領導才能，讓學生明白個人的獨特性（establishes a sense of uniqueness），讓學生培養合作精神，建立自信心和發展創意及解難的個人特質。

第三步曲：把學校交給孩子

當師生經歷和欣賞過第一及第二步曲後，學生便成為成熟及主動的學習者。在這種情況下，我們可以把學校轉型成好一所由孩子營運的學校（a school run by our children）。這種模式鼓勵孩子決定學習什麼（what to learn）？在什麼地方學習 （where to learn）和跟誰一起學習（with whom to learn）。

在筆者的學校有一處地方叫HEI Cafe，這裏可以讓孩子在早餐、早點、午餐或茶點的時候聚首一堂，一起策劃課程、決定上課地點、選擇老師及同學，一起踏上快樂及自主學習之路。

結語

Magda Gerber說過童年並不是一場比拼閱讀、寫字和數數的競賽，而是一個讓孩子進行個別化學習和發展的窗戶，學習的速度一點也不重要。誠然，筆者的學校目前只是位處於第一步曲之中，並且一步步地感受第二步曲的旋律及節奏。

未來的日子裏，筆者希望能做到把學校交給孩子，在澳洲實踐更加以孩子為本的幼兒教育。如各位對筆者在澳洲的教育實踐有興趣，歡迎透過以下的Facebook專頁進一步了解筆者部分學校的幼兒教育實況：
https://www.facebook.com/heischoolsemerald，https://www.facebook.com/heischoolslara，https://www.facebook.com/ilokurunjang

原刊於2021年10月28日

作者簡介

吳文軒，90後教育界斜桿工作者、人文學學士（專修：溝通藝術）、教育碩士、註冊教師、教育教練學倡導者、資深機構/團隊及生涯教練。深信柔韌性是全球及社會未來變幻中核心態度和能力，現職於人材培育機構教思（EduMIND）任服務設計總監及首席教練，晚間於港專教授人際傳意技巧科、香港社會與社會福利科及活動設計與執行科。曾任港專成人教育中心（九龍工業學校）夜中學校長、聯合國兒童基金香港委員會教育主任（培訓及課程）、基督教家庭服務中心人生規劃主任及創意教師協會理事。積極實踐教育教練學，現為MetaCoach Foundation香港分會主席、明愛專上學院及明愛白英奇專業學校學生事務處顧問。

疫下時代的協作與團隊重塑

嚴峻的第五波疫情，21/22學年因應疫情的必要最後一個上課日延至8月12日。學期初稍微回歸穩定的學校環境和生態再一次被打亂，再一次從各種層面考驗着學校領導、教師、學生和家長的應變能力、學習與工作彈性。

學校的應變能力固然取決於學校領導層的表現和發揮，但更依靠整體教師團隊的協助。團隊需要為做好事情而一心一意，在崗位上互相支援協作，在細化過程中恰當地建設。面對困境，團隊更需要對領導的決策有充份信任。層層領導發揮智慧，展現出向上的承責及向下的擔當。

新舊同工，缺乏互動

然而，願景清晰，操作實踐需要領導的心思及策略，教師團隊的協作能力需要刻意的深耕細作。疫下時代，教師團隊協作基礎普遍不及從前：教師近年的流動令到學校出現不少新面孔，彼此之間需時磨合及適應；分層在家工作亦讓同工互動不足，缺乏相互協作或支援；持續不斷的突發事務更令同工應接不暇，只能無奈地專注眼前工作急務，從而各自為戰。

筆者在本學年較穩定初期，曾邀請教育教練學習策略協助學校作團隊協作培訓時，亦觀察到學校教師團隊的溝通模式顯得過於正規，欠缺了非正規溝通的機會及平台。再加上種種疫下因素導致同工之間的認識和理解不足，部分同事猶如陌生人。

疫下新入職同工欠缺足夠機會與現有同工互動，以了解學校文化和生態；現有同工亦難以充分掌握新入職同工的特性，加以栽培與指導。故此，筆者鼓勵學校領導共同花上一點心力，從而完善團隊生態，引領學校維持在正向的協作循環。

教育教練重視行動前必須對事情有準確的澄清與分析，筆者今天希望參考團

隊教練策略中針對關顧團隊成員需要的一些要點，提出以下向度供學校領導層對學校教師現時的協作狀況作一個快速審視分析：

(一)　安心：0-10分，教師在疫下多大程度能夠安心地表達在個人工作上的真實想法和需要？

(二)　共融：0-10分，教師在疫下多大程度能夠與其他同工匯聚一起，意識到彼此之間的共通和差異？

(三)　影響：0-10分，教師的觀察和意見在疫下多大程度被學校領導層聆聽、採納、參考或加以發揮應用？

(四)　尊重：0-10分，教師的自尊、情感及歸屬感需要在疫下多大程度得到關顧和重視？會否因工作急務而稍作被忽略？

(五)　歡樂：0-10分，教師在疫下團隊工作中多大程度能展現發自內心的笑容，感到工作愉悅且充滿動力工作？

(六)　成就：0-10分，教師團隊各人在疫下工作的排難、突破和創意多大程度被學校領導作表揚及分享？

上下齊心，互相支援

快速審視有利對症下藥。如上文筆者在培訓時的觀察，疫下時代非正規溝通的機會及平台有被忽略的狀況。學校領導層或可與中層同工有所協調，選擇某些較為輕鬆的訊息，以葡萄藤式策略使訊息傳遞得更到位及更個人化。在正規線上會議中，不妨允許數分鐘以隨機形式安排同工在不同分組討論室（breakout room）互相關顧及分享生活狀況。

把教師線下，甚或線上的嚴肅認真培訓主題康樂化及遊戲化，讓同工在歡樂中交流，在歡樂中有所得益。層層同工主動關心下級同工，了解對方在疫情下的挑戰、小突破及小歡樂，並加以肯定和鼓勵，促進非正式且簡而精的專業交流。面授課堂復課後，除了對學生的上課環境有所思考，亦不妨在教師小休及常到之處花點小心思，展現出領導的關顧和重視。

齊心抗疫，面對逆境，人心是關鍵。在人類文明發展中，團結協作往往讓人類克服一個又一個大困難。寄望在下者的自己能夠充分配合領導的工作，恰當地建設；在上者的自己能夠有愛地帶領，展現團隊成員的潛能和力量。最後，筆者亦關心疫下學生領袖團隊成員的協作與團隊重塑，教師不妨也利用上述快速測試，為學生領袖團隊對症下藥。

原刊於2022年3月3日

《柏林宣言》：世紀教育大改革

撰文：邱國光（作者簡介見38頁）

聯合國在2015年9月25日通過了《2030年可持續發展議程》、2017年制定了《教育促進實現可持續發展目標學習目標》、2021年5月19日發出《可持續發展教育柏林宣言》（下稱《宣言》），為2030年可持續發展教育建立新框架及實施路線圖，並作為世界不同國家未來10年的指導文件。

《宣言》可落實嗎？

《宣言》定出了16個承諾，以將環境和氣候行動作為核心課程內容，強調可持續發展教育的整體觀，各層級教育均需納入，即從幼稚園至高等教育，以至成人教育包括職業技術教育與培訓（technical and vocational education and training， TVET），非正規教育和非正式學習等也是可持續發展教育的對象。這確是一個全面的革新，所以《宣言》強調要促進個人行為方式的改變，經濟和社會的系統層面也要有結構性和文化上的根本性變革。

《宣言》的承諾涵蓋面既廣且深，根本就是一場革命！《宣言》幾乎包含當今所有教育議題，如政策、體制、學生思維、課程、師資培訓、青年賦權、新技術、數位技術和「綠色」技術、把邊緣化的人口包括殘疾人，難民和受衝突，危機和自然災害影響者放在優先地位等。

如此大規模的變革，可以落實嗎？教育是要落地的，空談不能改變現狀。所謂「家家有本難念的經」，國與國交往爾虞我詐，莫不以本國利益放在首位；在政黨政治下，政府只追求短暫功績，教育乃百年事業，短視的政黨政府又怎會願意花錢去幹「前人種樹，後人乘涼」的工作？

香港有條件落實《宣言》

《宣言》不是沒有建議如何落實，如邀請聯合國教育、科學及文化組織作為可持續發展教育的牽頭機構，通過與會員國合作，支持落實《宣言》。又同時動員其友好大學、國際科文組織、區域網路絡等對落實進展進行定期審查。聯合國是世界上最大的國際組織，會員國多達193個，2021年會費收入接近250億港元，儼如一個小國政府。

惟聯合國始終不是一個有實權的政府，而《宣言》亦只是指導性文件，落實與否全取決於會員國的能力及決心。中國是聯合國的創會會員，是安全理事會五個常任理事國之一，2021年會費分攤比額為12%（頭五位分別是：美國：22%、中國：12%，日本：8.5%，德國：6%，英國：4.5%），可説是聯合國的重要成員。

香港特區作為中國的一部分，2020年人均GDP為36.23萬港元，論人均，是全球最富有的地區之一，在全中國各地排行首位（內地城市最高的為深圳，人均為20.59萬元人民幣）。誠如《宣言》的結語所言：「為人類和地球進行變革性學習，關乎我們及子孫後代的生存。為了我們的地球而學習和行動，現在正當其時。」香港特區政府對落實《宣言》內的各項承諾實責無旁貸！

行動始於政策

現代社會複雜，各部門分工仔細，可持續發展教育卻覆蓋多個政策部門，所以在開始落實《宣言》承諾前必須成立跨政策局工作組，由政務司司長總其成，當中最少包括教育局及環境及生態局。

承諾中牽涉青年賦權、優先照顧弱勢社群、發展科技等工作，所以民政事務

《可持續發展教育柏林宣言》定出了16個承諾，爭取把環境和氣候行動作為核心課程內容。（Shutterstock）

局、勞工福利局、創新科技及工業局亦應積極參與。跨部門工作組不可以是疊床架屋組織，目標要明確，重要的是要訂出實踐藍圖。可持續發展教育目標有17項之多，工作組要因應現實情況列出優先次序。

舉例來說，目標6是：「清潔飲水和衛生設施：為所有人提供水和環境衛生並對其進行可持續管理。」香港的環境衛生、食水安全自然仍有改進的地方，但較諸於世界其他地區，香港在這兩方面的品質也算可接受，所以在優先次序上可能會放在較後的位置。又如目標11是：「可持續城市和社區──建設包容、安全、有抵禦災害能力和可持續的城市和人類住區。」「包容、安全」放入此刻的香港特別有深刻的意義；如此，是否應放在較優先的次序？

以上是宏觀的政策，微觀的政策亦應有清晰的討論。如可持續發展教育特別提出學習者要有促進可持續發展的8項跨領域能力：系統思維能力、預期能力、規範能力、戰略能力、協作能力、批判思維能力、自我意識能力及綜合的解決問題能力。

這8種跨領域能力如何與現今學校各種學習能力接軌？又如何及怎樣融入各級學校課程？凡此種種均應仔細探討。

《教育促進實現可持續發展目標學習目標》引言的標題是：「可持續發展目標──改變我們的世界」。「改變世界」是願景，能否落實端賴我們的願力。前路是艱辛的，但只要目標明確，齊心協力，必有所成。

原刊於2021年 6月 29日

如何預防學童自殺？

撰文：邱國光

2021-2022學年開學不足一個月，又傳來學童自殺消息！這次輕生的竟是8歲的小學生！腦海縈繞着的是同情、惋惜、悲哀，或許更多的是不解⋯⋯

國際防止自殺協會把每年的9月10日訂定為「世界防止自殺日」，目的在提升全球各地對防止自殺的關注。

2021年世界防止自殺日，香港大學防止自殺研究中心公布了香港的最新自殺數據。其中標準化自殺率估測為9.1（即每10萬人有9.1人自殺），是近

10年的新低；唯15歲或以下青少年，即仍在求學階段的學童，自殺率由2019年的0.7，升至2020年的1.3，即每10萬人有1.3人自殺，升幅近一倍！青少年朝氣勃勃，是社會明日棟樑，走上不歸路，真是人間悲劇！

是政府的錯嗎？

香港近年社會躁動，人心不穩，任何社會事件出現，矛頭均直指政府。一個理想的現代政府，政權是來自人民，社會是由全人民所擁有；所以從理論上看，政府自是每一宗社會大事的最後負責對象。

但落實至操作層面，政府對學童自殺個案有積極回應嗎？有完善的應對措施嗎？先看看數據。就教育局資料顯示，過去30多年，中、小學生的自殺個案數字持續下降，小學生自殺個案的減幅尤其明顯，由1990年代的37宗減至2000年代的16宗；而2011至2021年當下只有7宗。

中小學生自殺個案持續減少與政府主動的回應可能有關係。近幾年，面對不同持份者對學童自殺政府回應不足的詰難，政府確實做了不少事情。如2016年，因應2015-2016學年學童自殺案有上升趨勢，政府果斷地在3月

學校及有關當局須為青少年提供支援，協助他們克服青春期面對的困難及挑戰。（Shutterstock）

成立了防止學生自殺委員會，由21名社會不同界別的人士組成，包括：大學教授、公共衛生專家、精神科醫生、心理學家、社工、教師、校長、家長、大學生代表和政府人員。

委員會工作效率奇高，委員在不足8個月任期內，共開了6次會，7月出版進度報告，11月出版最終報告，詳細有序列出短中長期建議，定出整體策略，建議跨局／部門的相關工作，制定普及性、選擇性及針對性三層金字塔模型服務計劃。

對於委員會的建議，不少為政府所接受及落實，如為了加強在學校推廣心理健康工作，教育局聯同衛生署於2016/17學年舉辦「好心情@學校」計劃，其後活動更進一步延伸，學校可向優質教育基金申請不多於20萬元的撥款，用於推行與計劃有關的活動。截至2018年8月，基金共批出了超過660份與「好心情@學校」計劃有關的申請，即佔全港中小學總數約2/3。

衛生署亦在2017年8月25日推出資訊娛樂網站「YouthCan.hk」，每月以青少年生活為主題，採用輕鬆有趣的方式上載健康知識、基本生活技巧和社區資源，為青少年提供支援，協助他們應付青春期的種種挑戰和困難。

由2018/19學年起，教育局會為公營小學提供額外資源，落實「一校一社工」，加強和優化社工及輔導服務。以上只是較大型的項目，其他有關健康、生命、價值等教育項目亦有不少。但量是有了，質又如何？這似乎是日後須關注的方向。

傳媒有責任嗎？

學童自殺率上升與傳媒的廣泛報道往往有直接的關係。總的來說，傳媒以負責任的態度報道自殺，向大眾灌輸有關自殺風險的訊息，並提倡以正面的態度應對問題，將大大有助減低自殺傳染性所造成的傷害和帶來的風險。世衛報告、學者的研究多支持這論述。香港的傳媒，包括紙媒及網媒，在報道學童自殺案也算愈來愈克制及低調；煽情、妄下判語的報道也開始少見於標題。

但這只是指傳統的傳媒，需知現在青少年接觸更多的是不同的社交媒體、網上電影、遊戲。這類網上娛樂對青少年的影響更深、更廣。

如早幾年，美國Netflix系列電視劇《13個理由》（13 Reasons Why，又譯

為《漢娜的遺言》）追蹤17歲的漢娜（Hannah Baker）留下給同齡人的錄音文件，闡述了她選擇自殺的原因。這種戲劇表達手法，無疑把自殺者光榮化、英雄化、浪漫化、淒美化。又例如前陣子流行的網上電子遊戲「藍鯨遊戲」（Blue Whale Challenge），更被指鼓勵參與者自殺，造成人心惶惶。

政府似乎有必要對新的傳媒訂立新的遊戲規則。

學童自殺與其他的社會問題無異：成因複雜，難有簡單解決辦法。可幸近年政府及社會大眾對這問題已有共識，學童自殺個案一宗都嫌多，政府及民間組織已牽頭推出不少對應措施，現在需要的是持之有恒，並深化及不時檢討成效。正如西諺所言："Every cloud has a silver lining"，學童自殺的命題是沉重的，但卻不會是無望解決。

原刊於2021年10月15日

作者簡介

倫雅文，中華基督教會協和小學（長沙灣）圖書館主任，香港學校圖書館主任協會理事，香港大學專業進修學院圖書館及資訊學兼任導師。 獲國際學校圖書館學會（IASL）暨香港學校圖書館主任協會（HKTLA）頒發「學校圖書館主任卓越成就獎」，在優質圖書館嘉許計劃中獲閱讀推廣及領袖培訓領域獎項。另外，應香港教育局邀請，任學校圖書館專業培訓課程導師，並拍攝閱讀推廣之教育電視節目，分享對閱讀教育的心得及看法。於第八屆世界華語學校圖書館論壇，作為香港代表，發表論文。

閱讀需要「學」嗎？

從閱讀中學習，是人們的共識，也是教育工作者標舉的。那麼，在孩子能「從閱讀中學習」之前，就必須面對閱讀能力的問題：閱讀的能力是如何習得的呢？閱讀的能力，完全等同於語文科閱讀篇章的能力嗎？閱讀需要「學」和「訓練」嗎……基礎教育中的「圖書科」，於其中擔任着什麼角色？

香港部分小學設有圖書課或閱讀課，常規或非常規地教授孩子閱讀素養、圖書館應用、資訊素養等知識，兼有輔助學生培養閱讀習慣的功能。只是，圖書科雖然稱之為科，卻有異於其他學科，既沒有規範課時和明確的課程綱要，課程用書（如教科書），也沒有太多選擇。

觀乎實況，各個學校圖書館按照校本情況和需要，向學生提供閱讀的教育，雖不失彈性而靈活，但有時未免形象模糊含混。

閱讀需要「學」嗎？我們不妨梳理相關文件和報告所提供的訊息，嘗試了解閱讀教育的趨向和香港學生的需要，看是否能一窺全像。

當代的、全球的閱讀教育趨向

聯合國經濟合作與發展組織（Organization for Economic Co-operation and Development）指出，國民的閱讀水平，影響着國家（地區）經濟表現和社會發展，閱讀能力愈高，國民所得愈高，國家（地區）競爭力也愈高。故此，閱讀在基礎教育環節該是重中之重，這無疑也受到廣泛認同。

香港教育局從2001年起，按照課程發展議會在《學會學習——課程發展路向》的建議，在各學習領域及跨學習領域推行「四個關鍵項目」，當中就有「從閱讀中學習」。2014年，教育局更新課程指引，更提到：「學校應進一步提升學生的閱讀興趣、投入感和閱讀的深度，並推動跨課程閱讀，讓學生連繫已有知識、生活經驗和學習經歷，培養自主學習的習慣和能力。」

作為特區教育政策的決策部門，教育局如此定義「從閱讀中學習」：「提升（學生）溝通、學業及智能發展所需的基本語文能力；在理解和詮釋閱讀內容的過程中培養思維能力；按個人興趣和需要進行廣泛閱讀，培養多方面興趣，提升生活質素；培養開放的態度，接納不同的意見、觀點、價值觀和文化；及豐富知識，擴展對生命的了解，面對生命的挑戰。」可見局方對閱讀培養的深層次理解、對閱讀教育的願景和對推動閱讀風氣的重視。

同以使用中文為主的中國大陸和台灣地區，其教育部門亦持相似論調，分別見於兩地教育部門的政策文件：《國家中長期教育改革和發展規劃綱要（2010-2020）》及《中小學圖書館（室）規程》，和台灣地區2008年公布的《中小學九年一貫課程綱要》。

兩岸三地對閱讀教育最終成就學習能力的指向，非無獨有偶，而是當代的、全球的教育趨向，這可見於國際圖書館協會聯盟（IFLA，International Federation of Library Associations and Institutions）編訂的《國際圖聯學校圖書館指南（第二版）》。該指南更特別強調：「學校圖書館要提供與課程接軌的、有效的教育項目，並且在以資料為基礎的能力、以思考為基礎的能力、以知識為基礎的能力、閱讀和語文能力、學習管理能力等的過程中扮演領導角色。」

香港的基礎教育對閱讀教育的需求

PIRLS：以思考能力為核心的閱讀教育所能發揮的力量

如果無法培養起閱讀的習慣，或無從探索閱讀的興趣，那麼更遑論「從閱讀中學習」。
（Shutterstock）

回顧香港的情況，在基礎教育的階段，向學生提供「與課程接軌的、有效的」閱讀教育項目是需要的。據「全球學生閱讀能力進展研究PIRLS 2016」國際報告（香港地區）所總結及建議：「學校若發展校本的閱讀課程，比如在中文課外另設閱讀課和跨學科的閱讀課程等，對提升學生的閱讀成績有正面影響。」

不難理解，其他諸如語文數理能力、美育才藝培養，甚至體格鍛鍊，在學期間系統地學習，事半功倍，受用終身。何況關乎學習能力、思考能力的閱讀能力、習慣和素養的培養？上述建議同時反映了，閱讀教育為核心的圖書課，跟語文能力為核心的中文科閱讀訓練，其目標和方法應該是不同的。

全民閱讀習慣調查：中小學階段閱讀教育的必要

觀乎香港學子的閱讀習慣，個體差異甚大，據「2021年全民閱讀習慣調查」報告所示：在表示「過去一年無閱讀印刷書籍」的18歲以下受訪者當中，超過55.1%稱其原因為「一向都無閱讀印刷書籍的習慣」，另外也有「找不到適合自己興趣或程度的書」和「無時間/太忙」等原因。

18歲以下正是在學的年紀，以上的原因側面反映了部分學生經歷了（或正在經歷）基礎教育，卻無法培養起閱讀的習慣，或無從探索閱讀的興趣，那麼更遑論「從閱讀中學習」了，這無疑顯示了，學校加強重視閱讀教育的必要。

而閱讀的教育，也和其他學科的學習（如主科、術科有課堂）；和其他範疇的培養（如德育、宗教方面有成長課、宗教課），也需要配備課程和課節來落實。

基礎教育課程指引：描畫閱讀教育的圖景

香港教育局在2014頒布的課程文件《基礎教育課程指引——聚焦·深化·持續（小一至小六）》，當中第七章〈優質的學與教資源與學校圖書館發展—促進有效的學習〉即明確指出學校圖書館主任責任和角色。針對課程建設方面，文件指出：學校圖書館在傳統的購書和借閱服務外，還可提供其他學習機會，包括獨立的或和學科教師共同發展的協作教學活動。

在「提升學校圖書館服務與學會學習」一表中，則展開說明學校圖書館主任「教授圖書課」是作為「支援學習和教學的基本需要」的工作。根據圖表所示，這只是學校圖書館主任為「對學生的學習」中等程度的參與。至於「參與學校課程的規劃和設計」及「將資訊技能的教學融入各學習領域的科目」，則是中高階和高階的參與，能影響課程發展和學習成果。

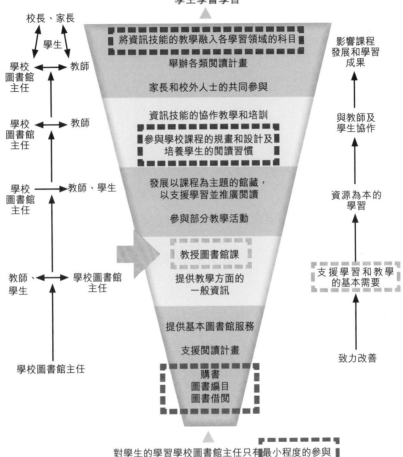

圖 7.1提升學校圖書館服務與學會學習

《指引》清晰地給我們描繪了閱讀教育該有的圖景；PIRLS的報告展示了閱讀教育能發揮的力量；全民閱讀習慣調查證明了中小學階段閱讀教育的必要。

但是教育現場的實況卻是朦朧又模糊的，是以圖書科雖然稱之為科，卻沒有規範課時和明確的課程綱要，以至於學校圖書館主任只好繼續各自「土法煉鋼」，所謂靈活彈性、百花齊放，但是否能提供予學生較完整的閱讀教育課程，完全視乎學校的條件（比如人力資源）是否充裕，也考驗學校管理人員的眼界。

原刊於2021年8月9日

原載於《第九屆世界華語學校圖書館論壇2019》，本社經作者修改後授權轉載。

作者簡介

徐區懿華，三個孩子的媽媽，三個孩子分別就讀大學、中學、小學，各有所長。她常笑說養三個孩子就好像完成育兒本科、碩士及博士。徐校長曾任國際學校校長。現為教育大學擬任校長班講師及福建中學附屬學校校長，並經常獲邀為本地及國際教育論壇擔任講者，講題包括育兒心得、高效能學校、評估素養、國際化教育及品德教育等。

同為香港開新篇：香港教育應怎麼樣？

下筆之日，正是特首選舉日。感受是複雜的，既充滿期盼，也充滿憂心。

過去幾年，教育界跟香港其他各行各業一樣，大部分的心力，都放在危機處理上，隨時準備應對各種可能性。同時，亦竭力照顧着每一個小朋友、年輕人，盡全力讓他們成長中的各種需要得到滿足，把疫情對他們的影響減到最少。然而，不論老師校長們如何努力，他們錯失的還是很多。

起初每一波疫情到尾聲，大家都密鑼緊鼓籌備，讓學校生活回歸到疫情前一樣。漸漸，大家發現疫情仍然持續，漸漸變成以不變應萬變，觀望那是否真正的終結。一些比較有前瞻性的學校，明白想要回到疫情前的狀況這種想法，並不能跟上實際情況的需要，已發展出一套能適應轉變的可行策略。然而，這只是個別學校的做法。

後疫情時代的香港教育

香港整體教育，又該如何適應反覆的情況？現時，教育局在應對疫情的網課教學及行政上花了很多心思。學校卻並未能感受到教育當局在方向上具前瞻性的帶領。疫情已持續跨3個學年，影響所有在學年輕人一整個學習階段的情況。期待新一屆政府的成立，能以衝勁及遠見，帶領香港為持續的疫情及後疫情時代，訂出合適的教育發展方向，以讓教育部門能相應地調整政策及施行措施，讓莘莘學子的青少年期學習時光不枉過。

再說遠一點，近年香港教育政策，隨着每一屆特首上任，便會有新轉變。有的在資訊科技上投入大量資源、有的重視改善教育界待遇，吸引人才從事教育工作。然而，教育是百年樹人的大計，也是國之興衰的根本，必須有長遠規劃方可讓年輕人獲得所需的養分，並培養出社會所需要的人才，帶領社會不斷向前。

港府需成立長遠教育規劃小組

以聘請教師全面學位化為例，可謂現屆政府在教育上的代表作，履行了在選舉時對教育界的承諾。而全面學位化後衍生出來的中層人手問題，卻未有在推行前準備好解決方案及推行日程、學位化後對老師的具體要求、期望和整體教育規劃路線等，卻仍未見到藍圖……這都成了刻下提升教育素質的絆腳石。

為讓香港投資在教育的資源有效運用，固本培元，或許政府需要一個不受換屆影響，長遠為教育進行規劃的工作小組。小組成員應包括熟知國際、內地及香港教育狀況的學者、資深校長、資深教師及跨專業的人士，持續檢視教育如何配合社會發展的需要，不斷更新發展方向，並為政策及資源分配，為每一屆特首及新委任的局長給予意見。

教育局運作 須與時並進

這樣，每屆特首及問責局長仍可就自己的理念，以及特定時代需要加入新的政策及措施，而教育的持續發展需要及長遠規劃，仍可以得到充份照顧。此外，回歸20多年來，教育局內部的運作、內部工作文化、局內工作方式，是否能合乎社會及時代的轉變需要，或許都需要一次認真的檢視。

現時學校須每年自評及不定時接受教育局的校外評核，這些評核能有效為學校「驗身」，提出改善方向。或許同樣的檢視，也可有助教育局不斷優化工作，更有效地領導香港教育政策的落實。

原刊於2022年5月11日

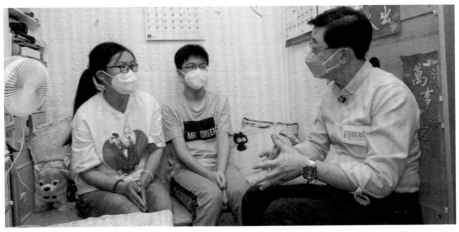

政府需要一個不受換屆影響，長遠為教育進行規劃的工作小組。（李家超Facebook圖片）

作者簡介

張海暘，土生土長香港人，曾任新聞工作者，後轉行當教師。十多年來在香港、韓國及越南各著名國際學校任教，熱愛語言教學，精通中、英雙語及文化，略懂韓語。先後畢業於不同專業，包括中、英文以及教育系，對商業管理、神學以及教育領導也有涉獵。曾為香港著名IB學府編教案教材，同時為註冊SAT監考員，在韓國工作三年期間，曾連續兩年籌辦全國性的中文老師研討會，與會者來自香港、澳門、新加坡、台灣和韓國，對不同體制具備多年經驗與心得。目前任職於越南胡志明市一所國際學校。

打與不打疫苗的抉擇

撰稿之際正值12月初，現在為2021年「埋單」似乎有點兒早，但因為愈來愈亂的世道和疫情，就跟2020年一樣，許多人都希望今年可以快點過去，並不斷思索明年是否會更好。

筆者身在越南西貢，從5月開始，第四波疫情來襲，中間歷經封城和宵禁，到如今超過九成人口已注射疫苗，當中包括了12至17歲這年齡段的中學生，其中一人就是筆者的女兒。

面對令人憂心的副作用，以及不時傳來因打疫苗而身亡的個案，對於疫苗，人們也就產生了兩種南轅北轍的反應。大多數的科學家和醫學專家都對疫苗抱持肯定態度，一致認為疫苗的好處大於壞處。另一方就不斷搜刮各種有關疫苗的陰謀論，其中一個最值得注意的理據，就是打了疫苗，依然會感染病毒，甚至死亡……延伸意義就是：打了疫苗非但沒用，而且還得飽受副作用與健康風險的折騰。

又見兩大陣營各持己見

此時此刻，時光又好像倒退回去年香港兩大顏色陣營的對壘，大家各持己見，當中並無任何融合之處——要麼打，要麼不打。這種困局，隨着一些西方基督徒將之與末日獸印掛鉤，而逐漸邁向高潮；而當奧地利政府宣布封城和隔離未打疫苗者，劇情更被推至頂峯——各方爭論不已，雙方都下不了台，也不想下台。

因此，對於今年的總結，筆者也就避開了泛泛而談，轉而集中於疫苗的討論；因為對於眾多國家而言，疫苗接種率已然成為了重振經濟和民生的必經途徑/手段。我在表明個人觀點之前，只想集中討論親眼目睹的證據和實例，因為會比較客觀，也比較不怕得罪人。

首先，我要說明病毒的普及性。在越南，病毒已經遍地開花，每天都接近10000人感染，復原者也多，而且大部分的新感染者都沒有嚴重的症狀。政府安排居家隔離，往往是一人感染，其他家人鄰居依然安好。一位染疫的同事告訴我，感覺像極了流行感冒，有幾天非常辛苦，可是整體對生活的影響不大。

公民義務與個人人權的平衡

我今年在學校獲得提升，有機會接觸英語教學和高年級的一些行政工作。面對學生有機會提及公民義務和個人人權的平衡，每當我提及最近奧地利政府的封城措施，得到的反應多是既同情遭受強制隔離的民眾，更明白甚或贊同政府的措施。

筆者在學生討論的過程裏完全中立，找來兩方不同的論點、佐證和資料，讓學生們自己判斷，從而得出屬於自己的結論。有好些學生的結論非常「誇張」，我也按下不表，而是讓其他同學評論。但是受過良好教育者一般都有一種傾向，就是我們在享受公民福利之餘，也必須要盡公民責任/義務。

注射疫苗本身就是一種公民責任，對個人而言確實有風險……筆者在女兒接受疫苗的前一晚，曾擔心得睡不着覺；可是我還是堅持讓家人接受疫苗，而要是讓我再選一次，我還是會讓她注射疫苗的。因為我實在不想女兒萬一染疫後住院，更不希望其他人因自己的家人而感染病毒。注射疫苗也就成為最合理和道德的選擇。生死有命，我們能做的本來就極其有限，而且不打疫苗又感染病毒，會否更加危險？

不為反對而反對

11月底，南非發現新變種Omicron，於是那些反對疫苗的，便又藉此大做文章，甚至有說注射疫苗的人比沒注射者更容易病亡，而有關論點的出現，正是科學家剛開始尋找答案之際，專家還在研究，另一批「專家」已迫不及待分享結論了。

我對奧地利政府的做法不敢苟同，認為過於偏激；可是對這批為反對而反對的人士則更為抗拒。真相需要時間的過濾和沉澱，現今許多似是而非而

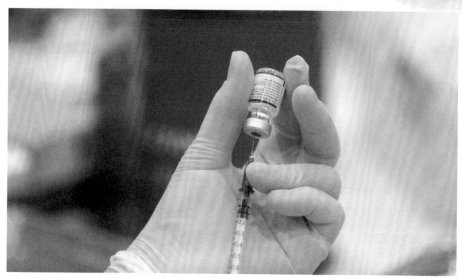

面對令人憂心的副作用，以及不時傳來因打疫苗而身亡的個案，對於疫苗人們也就產生了兩種南轅
北轍的反應。（亞新社）

急着「被」分享的觀點，許多都帶有自己的目的；其中一個有關特質就是
反對之餘，這批人並無法提供任何可與疫苗相提並論的另外選擇——這站
在道德層面上已明顯敗陣了。

老實說，直至交稿之前，我依然不能確定明天是否一定更好。但我堅信：
疫苗必須持續，而且得不斷更新；可是在注射疫苗前，政府及疫苗公司有
絕對的責任，把相關的數據完全公開，讓人們自由選擇打與不打。我相信
神，也相信除了神以外，沒有任何人有權掌控另一個人的健康及生死。

原刊於2021年12月6日，原題為〈2021年又將「埋單」——明天是否一定
會更好〉

教育評議會簡介

教育評議會（教評會）於1994年10月成立，是由一群熱心教育工作、緊守教育崗位、關注教育事務、有志影響教育政策的教育工作者所組成。

教評會提倡「凝聚力量，提升專業」，會員包括從事大專、中學、小學、幼稚園及與教育相關的人士，並透過在不同媒體發表文章和短片、約見特首和不同官員、擔任政府不同崗位的委員、進行調查和研究、專業交流、舉辦活動及專業培訓等，凝聚學界，同心改善香港教育。教評會更於2002年開辦風采中學，透過實踐，推動香港教育發展。

會長	何漢權校長
主席	蔡世鴻校長
副主席	陳玉燕校長、陳偉倫校長、鄭家寶校長、朱啟榮校長
委員	馮穎匡博士、楊佩珊校長、陳月平校長、潘詠儀校長、陳狄安校長、黃靜雯校長、梁淑儀校長、梁惠君老師、劉鴻輝老師、馬正源老師
榮譽管理團隊	
榮譽會長	曹啟樂校長、蔡國光校長、鄒秉恩校長
榮譽顧問	馮文正校長、周鑑明副校長

歡迎加入教評會

會員除可透過電郵接收到教評資訊和文章，亦可反映個人對教育政策的意見，享有教評購物優惠，報讀教評培訓課程等。

教評會員分為四類，分別為：

1. 普通會員： 無須繳付會費，可參與本會舉辦的活動，享有會員福利，但在周年大會中沒有投票權及參選權。

2. 資深會員： 填寫入會申請表，並向執委繳交$150會費後，經執委會審定資格及通過，便可成為資深會員。資深會員每年須繳交$150會費，除可參與本會活動，享有會員福利外，在周年大會具投票權及參選權。

3. 永久會員： 遞交申請，經執委會審定符合兩年或以上的資深會員資格，並繳付$900永久會費後，便可成為永久會員，除可參與本會活動，享有會員福利外，在周年大會享有投票權及參選權。

4. 附屬會員： 所有會員的家屬或非業界的人士，如認同本會理念，可申請成為附屬會員，無須繳付會費，可參與本會活動及享有會員福利，在周年大會中沒有投票權及參選權。

請立刻登入 https://edconvergence.org/register 或掃描右方二維碼登記成為教評會員。

佛誕、母親節、特首選舉與 DSE倫理與宗教科的考試

撰文：梁振威（作者簡介見42頁）

2022年5月8日（農曆四月初八日）是香港開埠以來歷史性的一天。說這天是歷史性的一天，是因為集香港佛誕被定為公眾假期的首天、西方母親節、香港執行《國安法》後首次特首選舉，以及DSE倫理與宗教科考試同在一天的日子。這樣的一天，是不是很有歷史性？

佛誕首次被列入公眾假期，源於政府2021年修訂《僱傭條例》，由2022年開始，把勞工假期（公眾假期）由12天每兩年遞增一天至17天。首天新增的法定假日為佛誕。巧合地，今年DSE的倫理與宗教科考試被安排在佛誕假期（農曆四月初八）舉行，這個巧合，觸發筆者對倫理與宗教教育科（下稱倫宗科）的理念和內容的一些追尋與思考。

佛誕假期開考意味深遠

對於DSE倫宗科被安排在佛誕假期舉行，筆者的第一個感覺是中國傳統的宗教該要回歸了。佛教雖不是中國的原產宗教，可佛教自漢朝傳入中國以來，經歷2000多年，對中國人的思想意識、民族關係、文化藝術、生活習慣有深刻的影響。然而，在過往100多年，香港的宗教文化，偏向於西方的基督教。

今年的佛誕，是本港百多年以來，首次有中國的傳統宗教節日，被安排為官方的假期。DSE倫理與宗教科考試的試卷二，只有佛教和基督宗教的選擇，倫宗科在這一天開考，或許這是佛祖顯靈，啟示香港應多重視中國的傳統宗教文化，除佛教以外，還應重視課程內的孔教和道教文化。

母親節加深孝文化體驗

按教育局的《倫理與宗教課程及評估指引（中四至中六）》（下稱《指引》），倫理與宗教科屬「個人、社會及人文教育學習領域」的範疇。對這一科課程設計的組合和設計的理念，《指引》有這樣的說明：

「倫理與宗教科對學生的社交、道德和靈性發展有重要的貢獻。學生在人生

DSE倫宗科考試安排在2022年5月8日母親節進行，是有DSE考試以來的首次。（Shutterstock）

各個階段都會遇到一些宗教和道德問題的挑戰，包括生命的起源和生存的目的、身份認同、性與婚姻、受苦、死後的生命等等。本課程由「宗教傳統」、「倫理學」和「宗教體驗」三部分所組成，幫助學生透過探究學習的過程，思考宗教和道德的問題，使學生能對切身的生活經驗作批判反思，建立對個人宗教信仰的理解的自信，並且能夠維護自己的宗教立場（註）。」

「生命起源和生存的目的」、「受苦」、「死後的生命」是中西哲學的主要內容，實見於哲學的宇宙論、人生論和知識論中。中國的傳統哲學，重視倫理、人生與天命。在華人社會的香港，母親節雖然不是公眾假期，卻是一個大日子。在母親節進行DSE倫宗科考試，是有DSE考試以來的首次。

筆者相信在母親節這一天應考倫宗科的同學，在離開試場後，第一個出現在腦海中的是「今天是母親節，我要⋯⋯」。母親是他們生命的起源，若同學在離開試場的一刻，連結課程要求的體驗，必能深化同學對「孝文化」及中西哲學的意義。在這樣的節日氛圍下應考特定的科目，是不是歷史？

佛教自漢朝傳入中國，經歷2000多年，對中國人的思想意識、文化藝術有深刻的影響。
（Shutterstock）

打破宗教門戶　擴闊同學世界觀

倫宗科的課程包括必修和選修兩部分；必修部分為倫理學，內容環繞涉及道德的倫理觀，以及個人與現代社會有關的倫理問題，例如傳媒倫理、商業及經濟倫理；選修部分為宗教傳統，同學可於佛教、基督教、孔教、伊斯蘭教和道教這五教中，選修一項學習，學習該宗教的歷史背景、教義，並進行宗教體驗。唯目前選修部分只有佛教和基督教，其餘孔教、伊斯蘭教和道教「將於較後日子推行」。

課程的基本設計，涵蓋世界的五大宗教。五大宗教的發展，間接或直接展現出中西政治、經濟、世界文化的發展過程。若我們的倫理與宗教教育，能早日推行五大宗教學學習，並打破辦學團體的宗教門戶的傾斜，歸向全面通識，讓同學掌握世界五大宗教的歷史發展，這必然會擴闊同學的世界觀。

香港是一個國際大都會，包融多元文化。我們的教育，必須面向國際。2022年5月8日（農曆四月初八），香港將踏入開新篇的時代，筆者期望在特首選舉後，香港的教育，能切實的開新篇，開創具有新中國特色的

新篇。若能如此，2022年5月8日（農曆四月初八），肯定是一個歷史性的一天。

倫宗科需要開新篇

按考評局的資料顯示，歷年報考倫宗科的日校學生人數介乎650-700之間，人數實在不多。就以去年為例，日校學生報考這科的人數只681人，屬於低參與的甲類科目。實際的情況是，本港的中學，在高中開設這一科的中學並不多，官校更沒有開設這一科。

然而，以本科立足在「幫助學生加強對宗教及道德問題的分析能力，並鼓勵他們探究和反思在人類歷史上和全球性的相關議題」的理念及配對推行中華文化的政策下，教育局實在該要對這一科進行開新篇的考慮。

註：參見課程發展議會、香港考試及評核局2007年聯合編訂《倫理與宗教課程及評估指引（中四至中六）》（2019年11月更新），頁2。

原刊於2022年5月10日

作者簡介

陳奕偉，現為九龍塘學校（中學部）副校長，統籌校內德育、公民及國民教育組活動，亦為公民與社會發展科科主任；2019年獲頒發教育局第3屆「品德教育傑出教學」獎中學組傑出獎及於同年敬師運動委員會「表揚教師」計劃中獲選為「優秀教師」；曾代表香港學校到蘇州及揚州分享香港法制教育推行經驗。曾任浸會大學教育系觀課導師、學校領導課程同學會「中國故事」主任委員、教科書及其他書籍作者、《星島日報》專欄作者。

從有關國共內戰的電視劇看和平

筆者曾撰文提到，從國家革命電視劇《外交風雲》看到新中國成立後，如何一步步由西方國家主導的世界中進行「革命」，尋求國家與國家之間的平等。

正如《外交風雲》中新中國首任外交部長周恩來總理所言：「軍事，打的是武仗；外交，打的是文仗」，在國與國的關係中，「戰爭」從來沒有停止過，只是用「外交」還是用「軍事」的方式而已。在烏克蘭戰事風起雲湧的今天，從兩岸有關國共內戰的電視劇立體地了解一下真正的戰爭，或許對於沒有真正接觸過戰爭的我們，有更深刻的體會。

電視上的國共內戰

近年，1945年-1949年的「國共內戰」依然是國家革命電視劇重點描述的時期，單是2021到2022年已經連續播出了共49集的《大決戰》和共34集的《香山葉正紅》。《大決戰》在香港電台31曾有播出，甚至香港特首林鄭月娥女士也有推介。

之前我也提及過我為了準備「公民與社會發展科」的課堂，我第一齣嘗試欣賞的革命電視劇就是2011年的《中國1945之重慶風雲》，30集的內容就是圍繞「雙十協定」談判的故事。之後經過《外交風雲》、《熱血軍旗》、《長征大會師》、《延安頌》總共184集電視片集加上6個小時的電影欣賞後，基本上對1921年中國共產黨建黨至新中國成立有了一個基本的認識。

《大決戰》的開始，就是回到「雙十協定」，然後如何演變成不得不打的內戰；而《香山葉正紅》就描述了毛澤東等領導人1949年3月進京，進駐北京香山雙清別墅，和談、渡江、經濟建設、籌備召開政協、「進京趕

考」決心不當「李自成」的故事。

1945年「雙十協定」談判時期，國民黨兵力500萬、共產黨兵力130萬，加上國民黨有美國背後撐腰，了解一下「民心」、「軍心」的重要性，解放軍如何艱苦了扭轉兵力上弱勢，也是一個值得學習的課題。

從《大決戰》，可以看到原來打仗不是純粹軍人數字上的較量，軍人的心理狀態、補給狀況，也是決勝的關鍵。縱然在電視劇的表達上，可能是有簡單化的情況，也可能有藝術修飾的成份，但從電視上看到，解放軍的一往無前，對比着國民黨士兵面對着戰爭目的的迷惘、國民黨軍隊的腐化，有不少國民黨士兵向解放軍投降，解釋了為何解放軍與國民黨軍隊的兵力會有此消彼長的情況，最終解放軍能取得最終勝利。

國民黨軍隊雖然擁有先進的美式裝備，但先進裝備也需要燃料驅動，士兵也需要不斷的糧食補給；切斷了燃料、糧食供應，任憑你有多精良的軍隊也是徒然。從電視上，可以看到每一個城鎮也是解放軍的補給線，而鄉民見到國民黨軍隊就好像見鬼一樣。沒有燃料、後勤補給，國民黨軍隊又能堅持多久呢？

《一把青》

令我印象更深的是，太太在這個時候，介紹我看台灣在2015年的一套共31集的電視劇《一把青》，故事由白先勇的短編小說改編，內容是講述數位國民黨空軍機師在抗戰結束後對抗共產黨，以至國民黨政府遷台之後的故事，其中講到由於機師們都不知道出任務後是生是死，往往會把自己的家眷「交接」給自己的戰友，期望家人在自己戰死後也能得到適當的照顧。

太太本來是抱着看台灣明星的心態看《一把青》，但或許是由於節奏太慢，在看了一集後便放棄了。但我卻對《一把青》很感興趣：第一，我之前看的所有革命電視電影也是由中國大陸方面製作，我一向也很想知道從國民黨的視角如何演繹國共內戰，尤其是他們是如何看待自己由「勝算在握」到最後戰敗。

第二，在看1921到1949年的故事（甚至是之後有關韓戰的故事），國民黨空軍往往是妖怪一樣神出鬼沒，一出現便血流成河，對方幾近無力招架，但機師的樣子卻連露一面的機會也沒有。可以立體地了解空軍機師有

從《大決戰》，可以看到原來打仗不是純粹軍人數字上的較量，軍人的心理狀態、補給狀況，也是決勝的關鍵。（《大決戰》海報）

血有肉的一面，可是非常的具吸引力。

第三，《一把青》的作者白先勇不就是那位我在電視上多次看到的國民黨將領白崇禧的兒子，更在1948年在我工作學校的小學部就讀，以上種種的因素，把我吸引進了《一把青》的世界，最後我便在看《大決戰》的同時，同步看《一把青》，立體了解1945-1949年間的世界，不能自拔。

老實說，看《一把青》的心情真的很沉重，因為在看一般「革命電視劇」的時候，縱然有不少犧牲的場面，但整體的旋律也是光榮的、光明的，但《一把青》31集中，可以說頭30集也是有一種很淒涼的感覺，反而在最後一集（那時應該是70年代了）正如女主角常掛在口邊的一句說話「日子過了就好」、「日子終於到頭了」， 到了生命將近結束才有一種喜悅、解脫的感覺。

拋開主角們的男女私情，看到開着戰機的男主角們為了不讓解放軍得到補給，向地面上手無寸鐵的農村小女孩亂槍掃射，落地後抱着小女孩的屍首痛哭；男主角提到同僚的戰機在自己的機場上被抽光電油，以防連人帶機投奔共產黨，這由台灣拍攝的《一把青》讓我對國共內戰的感受

反而更深刻，也反思到一個國家的政權如果得不到人民的支持，任憑該政權擁有多少的軍力，也是不能持久的（這應該就是所謂的人民民主吧）。

戰爭無情，國家與國家之間的關係，其實就如家庭內的糾紛一樣，「公說公有理，婆說婆有理」：能外交調解當然最好，真要大打出手，也不容外人或普通人給什麼意見。但有一樣可以肯定的是，戰爭一定會帶來損失，能避免就最好；當然，國家主權也是不能妥協，如何取捨，就要看真正政治家的智慧了。

原刊於2022年6月13日

作者簡介

陳家偉，新界婦孺會梁省德學校校長，學校位於大埔大元邨。陳校長是資深的教育行政人員，曾任優才（楊殷有娣）書院小學部校長，德萃教育機構幼、小、中教育總監專責全人發展。對資優教育、品德教育、中國文化及照顧學習差異有豐富的經驗。陳校長不單樂於學習，不斷進修，更筆耕不輟，先後出版各類書籍共12種，也在不同媒體發表專欄文章及主持文教節目。

蘇媽的堅毅

蘇樺偉的名字能為人所知，始於1996年的阿特蘭大殘奧會；當年他只有15歲，便能代表香港，參加4乘100接力賽。但他是田徑比賽的初哥，未受過太多的訓練，便有機會參加國際大賽，不過他不懂起跑的動作及要求，也不懂跑彎道，只懂得一直拼命向前跑，所以他被教練安排跑最後的一棒。

不畏天生殘障，奮力勇往直前

他只憑着一股蠻力和頻密的步幅，結果讓香港隊摘下金牌，蘇樺偉成了最大的功臣，可謂一戰成名，大出鋒頭！但畢竟知道李麗珊獲得香港首面奧運金牌的人多；而認真留意這位殘障運動員的人不多。

而他的事蹟廣為人知都是要拜幸福傷風素廣告所賜。那廣告拍得認真，

蘇媽在生活上的堅毅不屈，不比樺偉在運動場所受的痛苦和壓力少。（《媽媽眼中的神奇小子》電影劇照）

廣告應有一分鐘以上，「幸福就在你身邊」的廣告語深入民間，蘇樺偉就像市民的街坊和鄰里一般。事隔20多年，有關他的電影《媽媽眼中的神奇小子》在東京奧運會及殘障奧運會期間公演，反應熱烈，叫好也叫座。

筆者也看了，覺得編、導、演均非常出色，不刻意煽情，拍得真實，最喜歡結尾的北京殘奧200米決賽的一幕，那幾分鐘的剪接，總結了他的幼年、童年、少年、青年和壯年，他和他媽媽的艱辛和奮鬥！

其實蘇樺偉一出生便患上黃疸病，天生手和腳無力，醫生說他長大後也不懂得執筷子，甚至不能走路。但醫生的話沒有令蘇媽放棄養育樺偉，她決定向命運挑戰，不辭勞苦地把他帶大，對他的照顧是無微不至的。

從不怨天尤人，積極面對生命

為了有人去照顧樺偉，她和丈夫決定冒險再生一孩，這就是樺偉的弟弟；為了讓他接受訓練，參加海外比賽，蘇媽試過同時打四份工！蘇媽在生活上的堅毅不屈，不比樺偉在運動場所受的痛苦和壓力少。

蘇媽所受的教育不多，而且明知前路難行也無畏無懼，從不怨天尤人，從不放棄，積極面對生命帶來的種種挑戰，她常對兒子說：「盡了力就得，反正沒有什麼可輸！」

2008年的北京殘奧，樺偉在100米和400米兩場都失利，三甲不入。最後一場200米，他放下心理壓力，一支箭般衝向終點，不但奪金，而且締造了世界紀錄！母愛成就了他，我認為他遺傳了媽媽的堅毅性格，努力不懈，盡己之力，克服困難、克服情緒，獲得最後勝利！

原刊於2021年9月27日

元宇宙的教育世界

撰文：陳章華（作者簡介見58頁）

近日假如大家有留意科技或金融新聞，臉書（Facebook）母公司已改名為META，標誌着他們着意發展元宇宙。

於是忽然間大家都開始留意什麼是元宇宙，而又意味着什麼，對我們的生活有什麼影響呢？本文嘗試撇除過於技術式的說明而利用一些實際的教學例子，讓大家進入未來教育世界的想像，幻想一下不久的將來，我們下一代的學習將會經歷又一場翻天覆地的改變。

何謂AR、VR？

我們不妨先從已知的基礎嘗試了解，大家知道什麼是「擴增實境」（Augmented Reality）？還記得早幾年不少人都喜歡玩Pokémon Go的遊戲，拿着智能手機到處走到處照，到不同的地方捉精靈嗎？這就是令「真實的場景」（現實世界）結合「遊戲角色」（虛擬世界）同時並存的技術。

知道了AR，還要知道什麼是VR（Virtual Reality），就是「虛擬實境」。當我們應用時，通常會佩戴一副VR專用的眼鏡，投入在一個完全虛擬出來的情境當中。這個技術已大量應用在不少教育情境和遊戲之中，例如恐龍世界早已消失了千萬年，但藉着VR技術，我們可以重建恐龍當時生活的世界。

又例如深海以及宇宙等這些我們難以到達的地方，透過VR就能模擬出來讓人體驗。這些技術已在我們日常生活出現，並且在疫情期間得以迅速發展。不少科技公司留意到AR和VR仍然有不少限制，簡單來說就是不夠真實，投入感不足。例如，在上述的技術中我們不會在其中感受到風、熱力等自然感覺；情景內的物件沒有重量、質感；所看到的場景仍然粗糙，並且有明顯的界限。

元宇宙是怎麼一回事？

說了那麼多，究竟什麼是元宇宙呢？它就是為了建構一個與現實世界相平

行的虛擬世界，並且將所有個別獨立的事物及活動連繫上來，將整個虛擬世界全面模擬成現實世界一樣，無論所見到的建築物，還是所做的活動，都能夠一一實現，而我們可以選取一個數碼化的自己，在虛擬世界中選取另一種生活。

我們可以在裏面賺取金錢並在裏面購物使用；我們可以建立比視像會議更具真實感的互動會議，以第一身的視角看到其他數碼人物並進行交談對話。我們可以想像一下曾經到過主題樂園的4D影院，元宇宙所提供的就是超越椅子會震動會噴水花的模擬體驗，而是一切接近真實觸感的虛擬世界。

這當中涉及到很多網絡頻寬、遊戲設計、雲計算、數碼圖像設計、編程、人工智能等知識，所以各大科技公司都相繼投入大量資金研發。

教學的應用可能

也許當元宇宙繼續發展時人們會發現不少缺點，因為我們或許將進入「莊周夢蝶」的一個處境，正是夢裏不知身是客，當中的夢，就是虛擬世界了。但作為教育工作者，我們必須先了解對老師教學或學生學習有什麼影響。

在這裏先提出一些教學例子：讓我們想像一下教一首李白的《早發白帝城》，老師利用科技「帶領」同學直接到唐朝（如果資料數據足夠，連歷史時空也可模擬）的白帝城，調較時間在早上讓學生理解「朝辭白帝彩雲間」是何樣的光景，日光是強烈還是溫和？是哪個季節的太陽，早上有多早？彩雲又是何等模樣，是淡是濃？

然後說到「猿聲」，說到「輕舟」怎樣「一日還」時，讓學生模擬坐在舟上感受微風輕吹，又或是選擇作為旁觀者站在山邊上遠看李白這趟行程，聽猿猴的叫聲以及舟子的輕靈動感，那豈不是能多角度了解這首詩嗎？

再舉一個活動的例子：奧運過後，大家都喜歡劍擊，我們又怎樣可以將自己鍛鍊成奧運金牌選手那樣呢？若科技發展成熟，教練可將一個數碼對手調整相應級數，然後讓運動員進行練習。運動員仍舊穿着專用套裝，拿着劍刺向對方，對手可以是虛擬，也可以是實體的，不過不用在同一場地。

教練甚至可以輸入大量數據，模擬不同等級的劍手，讓運動員逐級挑戰。無論是否和實際情況有一定差距，至少提升技術的可能性又增加了不少，

我們下一代的學習又將經歷一場翻天覆地的改變？（Shutterstock）

前提是元宇宙發展已趨成熟，尤其是體感儀器。還有就是交流團、戶外學習等活動，和以往在網上虛擬的遊覽不同，學生能夠透過數碼化的個人與同學們一起邊走邊看展品，同時聆聽導賞。個人學習經歷將更為立體全面，是真實的全天候全感官的學習體驗。

學習評估怎麼辦？

想像到了這裏，問題來了，那如何進行學習評估呢？到了那天，有可能教育就更着重學生如何去經歷每一趟「學習旅程」，老師可能設計一個學習歷程，讓學生進入其中，解決各個問題。

例如以「逛倫敦的超級市場」為主題，學生要購買健康零食，當他經過陳列架時，就會出現選擇貨品的相關資訊，學生要用英語說出那零食的名稱，貨品才會由模糊變得清晰，學生就可以選取那件零食，在購買的同時也可以要求學生留意營養價值，最終所購買的零食要符合營養標準，並且到最後繳費時能夠取出適當的款項付款。

上述的主題學習部分內容其實已有不少學校在進行，但所要準備及組織工夫卻甚為費時，如果透過科技整合，這些本來是跨科目的知識就可以在日常生活場景中得到實現，這才是Authentic　Learning（實境學習），老師亦可按學生程度調較所需要完成的項目，深淺可全由人工智能（Artificial Intelligence）代勞。

假如到這裏還看不明白，我建議大家不妨看一看兩套電影：《爆機自由仁》及《挑戰者一號》，相信有助各位了解有關這些新科技的各種想像。

原刊於2021年11月5日

及早認識元宇宙

撰文：彭智華（作者簡介見46頁）

近期社會上很熱衷討論元宇宙，其中包括靜待商機的投資者、社會觸覺敏銳者、亦有藝術或文化工作者等。到底什麼是元宇宙，有什麼吸引力？在說元宇宙之前先跟各位了解一下「原宇宙」。

「原宇宙」是我們此時此刻存在於原本的宇宙；而元宇宙，是存在於現在我們日常生活中也有使用的網絡世界、我們孩子的遊戲世界、在我們平時稱為「虛擬世界」的裏面。

在美國電子工程系畢業的韓國作家崔亨旭，在他撰寫的書《元宇宙》中說，元宇宙與我們本身的宇宙是有些相似，如元宇宙和原本的宇宙也會無限地擴展、兩個宇宙也永無止境，沒有邊緣。

元宇宙概念有何吸引力

可是回到我們一開始的話題，為什麼投資者，以及社會觸覺敏銳的人士，會被元宇宙這個概念所吸引？原因是元宇宙與原本的宇宙最直接的兩個區別就是：一、在元宇宙中，我們可以創造一切，成為那個世界裏面的「神」；

隨着元宇宙這個概念普及，我們需要盡快把這項新科技融合我們日常生活。（Shutterstock）

二、我們能成為不同的身份，成為與原宇宙的自己完全不一樣的分身。

人類的欲望是無窮無盡的。我們既貪心又聰明，想擁有而且控制一切。以前的古人因為羨慕天上飛翔之鳥的能力而製作了飛機；羨慕在海中暢游的魚而製作了潛艇。我們擅長於利用科技達成願望，然而我們獲得了飛機、潛艇後，構想愈來愈天馬行空。

我們製作了不同的幻想小説，如《西遊記》、DC漫畫的英雄故事等。但比起幻想，可能叫夢想比較貼近。現代的科技不能讓我們隨時隨地變身，亦不能讓我們在沒有任何機器的幫助下自行飛行。然而這些像孫悟空一樣獲得可以變身的能力，或者像蜘蛛人可以在垂直的高樓大廈上奔跑，這種種我們現實裏永遠不能實現的超能力，現在卻能在元宇宙裏實現了。

元宇宙給予教育更大彈性

隨着元宇宙這個概念普及，我們需要盡快把這項新科技融合我們日常生活。不只是我們的娛樂、商業的虛擬貨幣或NFT的藝術平台，而是一些對孩子們更重要的教育。

從2019年底到現在的新冠疫情，世界各地學校都開啟了網課供學生在網絡世界裏面學習。這種網課形式的學習帶來了很多爭議，如害怕學生無法專心上課。然而這只是大家還未把元宇宙與教育連在一起。

元宇宙充滿着發展的潛力，而其變化無常的本質讓它充滿彈性與選擇。如網課能讓學生不理會時差的限制，隨心所欲地在任何時間進行學習，並提高了學習效率。而害怕學生無法專心上課的問題，其實純粹是因為網課通常都欠缺師生之間的互動性，減低學習的樂趣。

由於疫情來得很突然，所有教學都要突然變成以網課的形式授課，理所當然地很多老師都無所適從，對元宇宙的教學概念亦不熟識。雖然教育界也很努力去適應這種改變，但是老師們都仍然缺少對網上授課的經驗。

如此一來，課堂的設計也不會像往日面對面授課般有趣，學生自然地習慣了餘暇的虛擬世界、對實際課堂內容感到悶。現在防止學童沉迷電子世界的唯一解決方法，就是教育界應盡快引入元宇宙的概念於日常教育及課程。

元宇宙互動增加學習效率和趣味

與元宇宙互動的方式大致分為3種，包括VR——由電腦或應用程式模擬完全虛擬的現實；AR——將虛擬的影像添加到現實的環境，和MR——與現實和虛擬環境產生互動，現實和虛擬的影像交織共存。

現時眾所周知，新一代的孩子都非常依靠和喜歡電子產品，特別是元宇宙所提供的娛樂，如近幾年興起的虛擬實境（VR）眼鏡看電影、把虛擬生物帶到於現實世界的遊戲等，可以讓使用者恍似進入了一個新世界的感覺，更是風靡全球。

而導致沉迷的成因離不開情境代入與其強烈的互動性。所以當教育者能讓這3種方式與教學內容一起使用時，能增添很多不同種類的教學活動。教學內容不再會只困在書中，或老師的口頭形容，而是直接在元宇宙的世界裏面呈現出來，無論是歷史裏面的重要情節，還是火星的生活實驗室，都可以跨越時間以及空間，直接顯示於學生眼前。元宇宙毋須顧慮天氣、安全等問題，亦能跨越時空，在室內進行戶外實地考察。

總括而言，如果教育界能夠及早認識元宇宙提供教學，發揮可控的好處，學生亦能夠通過新科技學習，與時並進，增加學習效率，並以歡樂、有趣的方式，進而開闊他們的小宇宙。

原刊於2022年6月15日

苦難中的反思

撰文：彭智華

大家近期聽到最多人談論的就是身邊有多少人感染了新冠肺炎，你的家人還好嗎？有些人可以順利康復，但有些人卻不幸離世，親友甚至連最後一面也見不到，真是可惜。也有人因染疫而導致家人吵架，亦有家庭因染疫而被鄰居歧視。

全球期盼着疫情盡快結束，大家都想情況轉好，但卻無能為力，每人都為自己的家人或朋友擔心，特別是有老有幼的家庭；或許大家在

2020年初預計疫情只會維持半年或一年，可惜現在已經兩年了，仍未有任何結束的徵兆。

疫境困頓令人對港失去信心

香港人在2003年經歷了沙士，在這次新冠肺炎對於戴口罩及防毒意識已經比許多西方國家高很多。在這人口密度極高的城市，有差不多兩年能保持在不高的確診數字，已經做得不錯。在第3波疫情時，每日百幾宗確診個案，已經令市民感到震撼和惶恐。

到了第5波疫情，單日確診以萬計算，最高有56827宗個案，累計病例已超過110萬宗，若計算沒有呈報的案例可能超過200萬，而累計的死亡人數已高達9000多人，現在確診數字下降至每日數千宗，大家已不再感到惶恐，但實際數字卻比第3波高出很多。

在疫情最高峰時，除了醫護人手及床位不足之外，就連停屍間的地方也不足夠，有些患病在病房與屍體並存超過一整天，而殮房也是爆滿，需要使用冷凍貨櫃儲存屍體，實在令人對香港失去信心。

由於確診人數已經遠遠超越政府能安排的隔離地方，確診後亦不夠人手理會，許多市民都是轉陰性後才收到政府的電話通知或物資，或許大家感到政府很無能，很想痛罵政府或某些官員才能發洩對政府的不滿；事實上有醫護人員疲於奔命，不是見死不救，而是自身難保。

大家也確實感到無奈及徬徨，不知如何是好；再加2019年的社會事件，令不少人已經或打算移民，使大家不斷面對生離的痛苦，也有人曾為疫情而失業，經濟上非常拮据，每日都是度日如年，到底這場抗疫戰爭什麼時候才會結束？我們真的要做好準備，繼續努力抗疫！

做好求生準備互相加油鼓勵

雖然大家的主觀意願很希望疫情盡快消失，但這次新冠肺炎已經多次變種，情況會否比想像更難控制呢？情況有如當年香港市民面對世界大戰，終於是三年零八個月才停止戰爭，苦難不會因為眾生意願而自動消失。

相隔數十年，全球人類再次因為俄烏戰爭而感到戰爭與的我們是那麼

接近；不論是天災或人禍，大家也難確保世界哪一個地方再發生類似日本福島大地震的災難出現，經濟又會否出現萎縮。

因此，大家在21世紀就要有面對政治、經濟、衛生等的考驗，做好求生的準備，為自己及家人準備好繼續抗戰，包括生理上的需要：有乾糧、水、衣服和一些生活用品，以免再次出現不夠食糧的恐慌。

大家心理上也應如此，對抗疫感到疲勞時，更應互相鼓勵而不要責備，釋放心理壓力，希望不會出現更疲勞的狀態，我們要抱有希望但同時為最壞的打算，繼續為這場病毒戰爭做好準備，就算第6波或第7波疫情出現，我們仍要互相鼓勵，一起加油！

假若大家感到生命受到難以應付的挑戰，可以考慮從書籍或網絡上尋求一些心理學的知識及技巧，讓自己可以放鬆一點，或可以協助身邊的人減壓。如有更大的心理難題，值得考慮尋找個別的心理支援或參加一些相關的課程。

若大家需要一些超越心理學才能面對，就可能是積極探求宗教的大好時機，值得思考究竟人類的生命意義為何，為何自己來到世上，受苦受難是否可以逃避，還有可以從信仰得到合適的支援？

不論你的歲數或社經地位，都值得在有生之年尋找適合自己的宗教，有更值得肯定生而為人的宗旨或價值觀，在疫情中為自己或他人謀求心靈上的幸福！

原刊於2022年4月6日

降低學童自殺必須注意的事項

撰文：彭智華

在過去多年來的新學年，都是學童自殺的高危期；因為他們在暑假過着很安逸而放鬆的生活，當重返校園時便感到不適應；若在暑假的生活是日夜顛倒，甚至染上一些壞習慣，如每天持續打遊戲機，他們會感到返回校園有如落地獄一樣痛苦。

縱使沒有在暑假染上不良生活習慣的學童，仍會有情緒困擾的可能性，特別是一些不喜歡與人交往或未能跟得上課程要求的學童，縱使他們可能不想回校，但實際上一樣必須面對新學年。

學童面對新學年身心需要適應

事實上，一般學童在新學年都需要一至兩星期才恢復上課的生理作息及心理適應；而有情緒困擾或適應問題的學童，可能更需要一至兩個月的時間才能安頓下來。

在這兩年疫情期間，莘莘學子曾有一段長時間上網課，但新學年由習慣在家中上課時的自由，到必須準時回校；由習慣隔着屏幕與同學老師交流，到要在校內直接與人溝通。各種恢復常態都會添加他們的心理壓力，正正需要大家關注。

現在仍有不少學校在下午仍然安排了網課；這次漫長的抗疫及混合式課程的新常態，可能還會持續影響學生的心理狀態一段時間；過去兩年，由於疫情持續反覆，相信有些學童在未來半年至一年可能仍未能完全適應校園生活，容易有情緒困擾，甚至演變為自殺個案。

多元化方式紓解學童情緒

當發現有學童有任何自殺風險，都適宜由教師、輔導員、社工或心理學家提供直接的情緒輔導，可以幫助學生認識和辨別當下的心理壓力及困擾，以及學習更多元化的方式抒發情緒。

若大家在現場處理受到困擾的學童，可引導對方短暫冷靜下來或尋找解決問題的方案，或能使自殺問題降溫。大家在輔導的過程，可以及早識別有自殺風險的學生，繼而安排合適的輔導及成長方案。

除了學校的教職員，老師和家長都可以鼓勵身邊的學生為一些懷疑有情緒困擾的學童提供一些即時的情緒支援，引導有問題的同學及早向家長或校內的專業人士尋求支援。或以朋輩的身份聆聽對方的感受，給予一個舒適的空間作情緒抒發，亦可使學童之間彼此的聯繫感加強，是降低情緒困擾的良策。

當發現有愈來愈多學童自殺時，需要所有教育界及社會人士集體努力，為下一代加強心理支援。
（Shutterstock）

每當學童面對轉折期，如新學年開學、病假後復課等，不論家長或教師都可能需要容忍學童有較長的情緒波動期，如可能需要延遲測考，甚至休學一年；而家長在學童面對重大轉折時，更需要預留一些假期或減少工作，以便臨時為孩子提供持續的情緒或實質的支援。

提高警覺，適時求援

學校在現階段可以考慮以班為單位，為全校學童進行一些自尊感的普查，有助發現一些有潛在情緒困擾或自殺風險的學童，從調查結果可以重點關注自尊感較弱的學童，為有消極想法的學童提供預防性輔導。另外，家長及老師需要留意那些經常有挫敗感、時常遇上交友問題，或是自我要求過高的學童，這些都屬於情緒困擾的高危一族，大家需要提高警覺。

若家長與一些懷疑有自殺風險的學童遇上一些學習或生活安排上的衝擊，家長應適宜短暫放下自己的要求，提供孩子情緒上的緩衝；若教師面對一些有自殺念頭的學童，原因是他們面對要求過緊的家長時，教師適宜短暫放下學校的要求，營造雙方情緒調節的機會。

當大家發現社會愈來愈多學童自殺時，是需要所有教育界及社會人士集體努力，為我們的下一代加強心理支援了。我們緊急關注學童自殺的問題時，也需要擔心對教師所造成的心理壓力，大家亦需要留意教師心理健康的水平，以及是否擁有適當的減壓方法。校方要快速回應學童自殺的事件，亦可以考慮尋求外援，如醫護人員或心理學家的意見。

原刊於2021年11月9日

作者簡介

黃智華，前小學校長，從事小學教學及行政工作超過20年，具有學校管理及領導、推動學與教發展、建立校風及學生支援系統、提升學生表現等豐富及成功經驗。黃校長曾調職至教育局質素保證分部視學組，到訪不同學校進行校外評核及重點視學工作，一直熱心推動校本課程、STEM教育及資優教育的發展。自2016年迄今，黃校長擔任小學數學精英大賽主席，積極籌辦全港性數學活動，亦擔任多個公職崗位，如資優教育學苑情意教育委員會成員、九龍城區青年活動委員會委員等。

禾下乘涼夢　開到水深處

2021年5月22日，媒體報道袁隆平先生在湖南逝世的消息，憶起20年前友人送來一本《知識改變命運》，書中講述內地及香港各階層40位人士的奮鬥事蹟，其中一人便是1930年出生於江西得安縣，中國雜交水稻的創始人，被譽為「雜交水稻之父」的袁隆平先生。

路有餓死骨　引發稻禾夢

袁隆平先生為我國溫飽問題作出了重大的貢獻，1985年獲頒聯合國知識產權組織傑出發明家「金質獎」。1998年6月24日，國家國資局正式認定「袁隆平」品牌價值為1000億元人民幣。這一年，他每月的工資才1600元。這個無形資產，正是他的「禾下乘涼夢」：「我曾經做過一個好夢，夢見我們田裏種的水稻，像高粱那麼高，穗子像掃把那麼長，粒子像花生米那麼大，我們幾個朋友散步累了，坐在稻穗下面乘涼。」

袁隆平先生說，他年輕時曾在路邊或田裏看到過至少5具死於饑餓者的屍體，因此下了決心，一定要解決糧食增產問題，不讓老百姓挨餓！夢想是一種非常奇妙的東西，最起初就像一顆種子，在每個人心中萌芽。袁隆平先生遵循夢想的指引，不斷克服困難，即使在客觀條件和主觀條件都非常欠缺的情況下，仍然堅信夢想是能夠實現的，並盡最大努力創造條件，一步一步去接近夢想。

袁隆平先生於1960年代開始研究雜交水稻，1974年成功選育了世界上第一個實用高產雜交水稻品種「南優2號」。1976年起，他和團隊研發的雜交水稻開始在全國應用於生產，使水稻產量大幅度提高。實現目標，不僅需要耐心的等待，還須有堅持不懈和百折不撓的奮鬥精神。1997年，袁隆平先生再次發起研究超級雜交稻。2000年，超級雜交稻實現百畝畝產700公斤的第一期目標。2004年，超級雜交稻實現百畝畝產800公斤的第二期目標。

雜交水稻成果　保障糧食產能

正如聖經所說：「流淚撒種的，必歡呼收割。」（詩篇126篇5節）2003年中國大陸一半以上的水稻都為袁隆平先生所研發的雜交品種；在世界範圍，20%的水稻均採用袁隆平先生的雜交技術。2007年，中國大陸的水稻產量為5億噸。袁隆平先生和團隊還將成果傳授給亞洲、美洲和非洲的多個國家，雜交稻已在世界供應，為解決世界糧食安全及短缺做出卓越貢獻，逐步實現「雜交水稻覆蓋全球夢」。

「雜交水稻之父」袁隆平先生把一生都奉獻給了雜交水稻，不僅解決了中國人的吃飯問題，也對保障世界糧食安全有重大貢獻。他認為能夠種出這樣的超級水稻，需要四個「良」：良種、良田、良法、良人。良種指的是一個核心；良田是基礎；良法是手段；良人就是一個實實在在的執行者，包括那些種糧戶等等。這些成就要算在所有良人頭上。農夫的工作有許多，如耕地、鋤草、修理、看守、除蟲等等，最後還要收割。你要是怕下田，怕吃苦的，就種不出水稻來。

任何夢想、任何計劃，最終都要落實到行動上。只有行動，才能縮短你與目標之間的距離，才能把它變成現實。袁隆平先生用他的一生追逐「禾下乘涼夢」，離開自己的舒適區，「開到水深之處」，做一些別人覺得不可能的事——解決世界糧食安全問題。他說：「我們每個人都是自己事業的一粒種子，我們是不是一粒好的種子。」在求學或追夢的過程可能是困難重重，但古語有云：「一分耕耘，一分收穫。」只要我們每天、每時、每刻都願意付出努力，不怕困難，最終一定會走完這條充挑戰的荊棘之路，將來必定有好的回報，體會到前所未有的充實與滿足。

原刊於2021年6月4日

「雜交水稻之父」袁隆平（中）把一生都奉獻給了雜交水稻，解決了中國人的吃飯問題。（亞新社）

作者簡介

劉鴻輝，現職小學教師、校董。香港城市大學應用中文副文學士、嶺南大學中文文學士（一級榮譽）、香港中文大學宗教研究文學碩士，擁教育文憑及特殊教育資格，歷任中大宗教研究文學碩士課程校友會主席。有多年任教中、小學經驗，經常在報章分享教學心得、評論教育政策。為淫褻物品審裁委員會審裁小組成員、香港道教聯合會會員。對文史、哲學、宗教等皆有興趣，尤好周易、道教、佛教與南洋風俗，曾以筆名鴻飛，出版《世界附靈實錄》、《香港種生基實錄》、《泰國佛牌實錄》、《泰國佛牌實錄2》等書。

香港教育該放下英語了

新任特首李家超在4月底出席特首選舉電視答問會時，有市民詢問：「回歸已25年，為什麼大部分文件，仍以英文書寫，而不改為中文表達？」李家超回答：「根據《基本法》，中文是法定語言，同時也可以用英文。對於香港，使用兩種語言，讓大家都知道內容，也是好事。」

細心思考，這回應並未對準提問核心。市民的潛台詞是英文在回歸後，仍在社會上佔主導地位，契約、公告、專業場合等，依然以英文為主、為依歸。所謂雙語並行，始終未落實處，至少在大眾心目中，英語是上流的，是代表精英的，亦是象徵管治的。其實，隨着國家國力提升，中文作為一種軟實力，在世界上日益重要。如管治階層沒意識先在教育方面，確立「中主英輔」的語言政策，繼而輻射至社會各層面，本港長遠會脫軌於國家發展的步伐。

當今世界局勢促使中文成為主流

今後國家的發展絕對是光明的。經濟上，我國對全球經濟增長率的貢獻，長期在30%左右，且已連續15年位居世界第一；現時亦是120多個國家和地區最大的貿易伙伴。類似的正面經濟數據俯拾皆是。

同時，我國的國際影響力也愈趨舉足輕重，單論我國參與聯合國事務，已可見一斑：我國是聯合國會費與維和經費的第二大攤分國，長久以來積極參與全球治理體系建設和改革，以實際行動維護聯合國權威和憲章精神。

伴隨着我國強勁的政、經崛起，與中國人溝通交往或做生意，說中文、用中文訂立合同是理所當然的。5月初，美國眾議員萊恩便公開預示，在接下來的10至15年，美國人可能要說中文。雖然他站在敵意我國地位躍升的角度來發議，但依當下勢頭來說，他所擔憂的，並非不無道理。

必須降低英語的地位

我國強勢振興，肯定是不可逆轉。然而，香港教育對中文的重視程度，非但沒有相應提高，反而有「開倒車」的苗頭：即使教育局不鼓勵英文中學以外的中小學，採用中文以外的教學語言，但現時不少中小學卻以各種理由「打擦邊球」，改用英語授課，家長亦樂見其事而爭相報讀。教育局對這現象竟然聽之任之，令中小學的教學語言比前更混亂。

真正有遠見的教學語言政策，必須以降低英語地位為前提，繼而確立中文的主導威信。或者說重視中文，也不一定要採「一升一降」為方針。在其他地區，兩者也許真的沒有必然關係，但在香港，那是毋庸置疑的。因為歷經一個半世紀殖民，港人對英文已是深植骨髓地敬畏。如不先破後立，任何改革都會徒勞，母語教學便是前車之鑑。

具體施行，可參考內地高考。國內教育同樣看重英文科，但學生偏科問題不算嚴重，究其原因：高考是計算各科分數總和，個別科目不以合格與不合格論。就算中英數佔比略高於其他，亦因着三科並列，而不存在單一科目主宰全局的弊病。

就當前國際氛圍，淡化英文或者可看到不一樣的世界。近期幾個英語國家處處針對我國，試圖迫使我國繼續卑微屈從，才能融入西方圈子。可是，這對今日的我國來說，絕不可能。

中西無可避免地博弈，香港首當其衝成了磨心，官員被外國制裁，甚至有政治領袖遭醞釀沒收海外資產。李家超競選辦主席團成員葉劉淑儀5月初被問及，特首如受制裁不能去美國，對香港的影響。她表示可拓展東盟及阿拉伯世界。這固然高瞻遠矚，配合國家的大戰略，但在社會上未見漣漪，最少在教育上配套有限。

其實，以我國綜合實力，未來趨勢不會只是我國尋求與西方融合，而是世界需要適應與我國相處。適逢其時，港人目光不可一直僅限於英語世界，應對自身語言、文化有自信，捕捉其他正積極尋找契機與我國接軌的市場、國家，開發新機遇、搶先確立新規則。為此，教育自然需要提前部署。

總括而言，教育不是今日種樹，明天收成，必須有前瞻性。現在正值政府換屆，是時候摒棄舊有包袱，以新人事，展現新作風。未來可預示環球發展重心，將向亞洲、非洲轉移，這些新興地域的影響力會一併與日俱增。香港教育應主動跟上國家節奏，為爭奪國際話語權，及早培育人才。

原刊於2022年6月14日

灼見名家八周年論壇——後疫情時代香港新機遇（灼見名家圖片）

灼見名家傳媒簡介

灼見名家傳媒由資深新聞工作者文灼非於2013年底創辦。他有超過30年的新聞經驗，曾任職《信報財經新聞》及《信報財經月刊》逾20年，一直追求最優質的媒體內容。

灼見名家傳媒為一家多媒體公司，於2014年10月正式啟動，標榜獨立、中肯、理性，走深度分析、評論路線，廣邀近500位大中華、海外權威學者及專家撰稿，具國際視野。另外，編輯部定期策劃獨家專訪及整理名家精彩演講，涵蓋經濟、政局、文化、教育、投資、健康等範疇，為讀者提供不一樣的深度內容和獨到觀點。

灼見名家傳媒於2014年10月22日開幕舉辦十大校長論壇，邀請本港十間高校校長擔任演講嘉賓：郭位校長、何順文校長、陳新滋校長、鄭國漢校長、沈祖堯校長、張仁良校長、唐偉章校長、陳繁昌校長、黃玉山校長、馬斐森校長，盛況空前，成為全城熱話。

2015至2022年舉辦八次周年論壇，邀請了多位政、學、商、研等界別的重量級演講嘉賓，包括行政長官李家超先生、行政會議召集人及立法會議

員葉劉淑儀、立法會前主席曾鈺成先生、財政司司長陳茂波先生、保安局局長鄧炳強先生、房屋局局長何永賢女士、創新科技及工業局局長孫東博士、前行政長官林鄭月娥女士、前政務司司長張建宗先生、二位前財政司司長曾俊華先生及梁錦松先生、前商務及經濟發展局局長邱騰華先生、前公務員事務局局長聶德權先生、前運輸及房屋局前局長張炳良教授、騰訊聯合創辦人陳一丹先生、史丹福大學傑出專家陳明錄教授等，成為中港媒體廣泛報道的盛事。2018年2月舉辦投資論壇、2019年2月舉辦首屆財經峰會、2020年1月舉辦第二屆財經峰會、2021年5月舉辦第三屆財經峰會、2022年6月舉辦第四屆財經峰會暨ESG大獎頒獎典禮。

灼見名家YouTube頻道的訂戶人數近兩年節節上升，截至2023年6月已突破41萬，影響力與日俱增。本社亦為客戶製作視頻，包括《華懋60周年》特輯、新鴻基地產慈善基金《智得耆樂》、東華三院教育專輯及為香港教育大學中國語言學系成立10周年攝製視頻。

由灼見名家傳媒主辦的腹有詩書——全港小學校際中國語文常識問答比賽，於2021年及2022年先後舉辦兩屆賽事，首屆有54間小學派出小四至小六學生參賽，第二屆有67間小學參賽，結果英華小學連續兩屆蟬聯冠軍。這項比賽在學界掀起極大迴響，備受學生、老師及家長歡迎。

本社編輯優質書刊，與教育相關的包括開幕日出版《香港高等教育何去何從——十大校長訪談錄》特刊（非賣品）；2015年4月與教育評議會合作出版的《教育心宴》及2015年12月出版《校長也上課》；2016年12月出版《教育同心行》；2018年4月出版《教育同心徑》；2019年出版《教育同心橋》；2020年出版《教育同心牽》；2021年出版《教育，花開不落》；2023年出版《教育，海闊天空》。

灼見名家教室於2017至2018年間，分別與親子王國、經濟通及Oh!爸媽合辦多場教育講座，邀得多位資深校長及校監擔任演講嘉賓，包括陳家偉校長、黃桂玲校長、馮鄭惠儀副校監、陳曾建樂總校長、林浣心校長、曹希銓校長、陳梁淑貞校長、朱子穎校長、劉靳麗娟校長、張堅庭導演、鄭慕智博士和楊清校長等，講座的題材及內容豐富，深受家長及教職人士歡迎，反應熱烈。

歡迎各界垂詢本社業務範圍。

教育，海闊天空
Education, Sky is the Limit

出版：	中華歷史文化獎勵基金有限公司
地址：	油麻地彌敦道522號金龍商業大廈19樓
電話：	2117 0050
傳真：	2117 3952
網址：	www.chcef.com
主編：	何漢權、黃冬柏、文灼非
編輯：	凌嘉偉
製作：	灼見名家傳媒
設計：	andConcept Design
發行：	香港聯合書刊物流有限公司 荃灣德士古道220-248號荃灣工業中心16樓
印刷：	利高印刷有限公司 香港新界葵涌大連排道21-33號宏達工業中心9樓11室
出版日期：	2023年6月初版
定價：	港幣78元
國際書號：	978-988-75927-1-6
圖書分類：	教育

本書所有收益，扣除開支外，將捐予本港慈善機構。